Zahia Ziouani

Avec la collaboration de Bénédicte des Mazery

LA CHEF D'ORCHESTRE

Éditions Anne Carrière

ISBN : 978-2-8433-7567-5

www.anne-carriere.fr

À ma sœur Fettouma et à mon frère Mehdi,
et à toutes les « belles personnes »
qui m'ont accompagnée et soutenue.

Prologue

Chaque début de concert, je le vis avec la même intensité. Debout derrière le rideau, j'écoute le bruissement du public dans la salle et les sons mêlés de l'orchestre qui s'accorde, jusqu'au moment où tout s'arrête. Un silence complet se fait, et il dure les quelques secondes précédant mon arrivée. Je suis derrière le rideau, je ressens sans la voir toute l'attention de la salle et des musiciens, je pourrais presque imaginer leurs visages qui se tournent vers l'endroit où je vais faire mon entrée, dans quelques instants. L'adrénaline monte en moi. Une dernière attention à ma tenue : je lisse mes cheveux de la main… Parce qu'ils sont frisés, j'ai toujours peur d'être mal coiffée.

C'est le moment d'y aller. J'avance. Ça y est, le premier pas est fait.

J'entre, et les applaudissements fusent. Ils vont m'accompagner jusqu'à l'estrade. C'est une étrange sensation que d'être applaudie avant d'avoir produit quoi que ce soit. Une sensation à la fois euphorisante et réconfortante, dont je ne me lasse pas, même après plus de cinq cents concerts : toutes ces personnes sont là pour moi, pour la musique, et elles me font confiance. Je n'ai pas le trac, je ressens juste une très forte émulation. Ce chemin que je parcours depuis le bout de la salle jusqu'à l'estrade, je le vis pleinement, profitant de chaque seconde qui s'écoule. Tout le public est là pour écouter le fruit de mon travail, pour me voir diriger ; maintenant, comme au saut à l'élastique lorsqu'on se trouve au bord du vide, il faut se lancer, ne pas les faire attendre davantage et ne pas les décevoir.

Je m'appelle Zahia, j'ai trente-deux ans et la musique est toute ma vie. Je fais partie du petit monde des chefs d'orchestre et je suis une femme – oui, je sais, c'est rare dans ce métier. Je dirige différents orchestres, notamment un orchestre symphonique de soixante-dix musiciens en banlieue parisienne, la Seine-Saint-Denis plus précisément, dont les images montrées à la télévision effraient souvent mais où il se trouve que Mozart et Mendelssohn font salle comble. Dans ce même département, je suis également directrice de l'École de musique et de danse de Stains.

Jeune, femme dans le milieu très masculin et très fermé des chefs d'orchestre, d'origine algérienne et défenseur de la musique classique auprès de tous les publics et sur tous les territoires… Certains diront que je ne suis pas allée au plus simple. C'est vrai, mon parcours n'a rien de typique ; je ne suis pas issue d'une famille de musiciens et on m'a souvent découragée de devenir ce que je voulais être. Mais je n'ai jamais laissé les difficultés décider de ma vie et j'ai eu la chance de croiser de « belles personnes » qui m'ont aidée et soutenue. Voilà pourquoi je me tiens aujourd'hui debout devant l'estrade, à saluer le public, « mon » public, puis les musiciens que je regarde un à un et à qui je souris pour instaurer le climat de confiance et d'échange indispensable, selon moi, au bon déroulement du concert. Parmi eux se trouve régulièrement ma sœur jumelle, Fettouma, premier violoncelle de l'orchestre.

Encore quelques secondes de concentration…

Je lève les bras. Musique !

1

Une place pour deux

« Désolé, il ne reste plus qu'une place. »

Comment ça, plus qu'une place ?

J'ai levé un regard plein d'inquiétude sur ma mère et, aujourd'hui encore, je me souviens de la terrible déception qui s'est emparée de la petite fille de sept ans que j'étais alors. Voilà des semaines que nous nous préparions, Fettouma et moi, à entrer au conservatoire de musique de Pantin ! C'est nous qui avions insisté auprès de nos parents et les avions décidés à nous y inscrire, ainsi que Mehdi, notre petit frère, de deux ans notre cadet. Et il ne restait qu'une place ! J'étais petite mais je me souviens de mon chagrin lorsque j'ai entendu ma mère répondre à la personne chargée des inscriptions : « Soit elles y vont toutes les deux, soit personne. » Je me rappelle ses mots et cette décision que je comprends maintenant, mais que j'avais trouvée épouvantable à l'époque : plutôt que de choisir entre Fettouma et moi, ma mère avait préféré ne faire entrer aucune de nous.

C'est donc Mehdi qui a pris l'unique place restante et intégré le jardin musical du conservatoire. J'étais affreusement triste et j'éprouvais un grand sentiment d'injustice. Habituellement, parce que nous étions jumelles, les gens nous assimilaient, ma sœur et moi, à une seule et même entité... sauf ce jour-là, où nous étions deux pour une seule place !

J'étais d'autant plus déçue que l'inscription au conservatoire représentait pour moi le prolongement naturel d'une vie qui s'était toujours déroulée autour de la musique. Car depuis toute petite, et même si mes parents ne jouaient d'aucun instrument, je baignais dans la musique. Ma mère prétend que notre goût pour les œuvres classiques trouve son origine avant même notre naissance, pendant sa grossesse. Enceinte de Fettouma et de moi, elle écoutait l'intégrale des symphonies de Mozart et de Beethoven que mon père s'était offerte en vinyles. Elle les avait tellement écoutées – plusieurs centaines de fois – que les disques étaient, paraît-il, rayés... ce qui avait beaucoup agacé mon père à l'époque !

C'est vrai, du plus loin que je me souvienne, nous avons toujours vécu entourés par la musique, de tous les styles, traditionnelle algérienne, jazz, mais aussi et surtout de la musique classique. Je suis d'ailleurs incapable de dire à quel moment précis j'en ai entendu pour la première fois car j'ai l'impression d'être née avec elle. Ma mère raconte qu'elle a su que je ferais de la musique en me voyant dessiner sur une ardoise des clés de *sol* et de *fa* dès l'âge de quatre ans. Je ne me le rappelle pas ; en revanche, je me souviens très bien de la guitare que j'avais commandée cette année-là, pour Noël. Ce n'était pas un jouet mais un véritable instrument, adapté à ma taille bien sûr, et je cherchais à produire quelques sons ressemblant à une vague mélodie. Chaque soir, je la posais précautionneusement, debout pour la nuit, dans un coin de ma chambre, comme mon bien le plus précieux.

Il m'a donc fallu patienter plusieurs mois pour entrer au conservatoire. Mais mon désarroi n'avait pas échappé à ma mère, qui a mis à profit cette année d'attente. De la même façon qu'elle nous avait appris à lire et à écrire avant notre entrée à l'école primaire, elle s'est appliquée à nous enseigner quelques rudiments musicaux. Elle a ainsi fait l'acquisition d'une méthode de musique, grâce à laquelle elle nous a montré, à Fettouma et à moi, comment reconnaître quelques notes et à différencier une blanche d'une ronde, une noire d'une croche. Aujourd'hui, je me rends compte qu'elle nous transmettait des notions qu'elle-même avait découvertes cinq minutes plus tôt, dans la méthode en question.

Pendant le cours de Mehdi, ma mère avait également pris l'habitude de m'emmener assister aux cours d'un des professeurs de guitare du conservatoire, car j'étais très intéressée par cet instrument. Ce monsieur, très réservé, me plaisait et c'est avec lui que je voulais débuter. Hélas, lorsque enfin j'ai pu être inscrite, j'ai été de nouveau déçue en apprenant que je ne serais pas dans sa classe, mais dans celle d'une certaine Rosine Chabrun. Aujourd'hui, je remercie le destin de m'avoir placée entre les mains de cette femme qui m'a énormément apporté, m'a permis d'être ambitieuse et de devenir ce que je suis.

Je m'étais dirigée vers la guitare naturellement, à la fois parce que je possédais déjà l'instrument mais aussi parce que je l'aimais. Même après avoir essayé différents instruments, comme le propose le conservatoire aux nouveaux arrivants (je me souviens notamment de la flûte traversière, du violoncelle et du violon), je restais fixée sur la guitare. Fettouma, elle, a tout de suite opté pour le violoncelle, qu'elle n'a jamais délaissé.

Je me souviens très bien de mon premier cours. Apprendre le nom des cordes de la guitare, les doigtés de la main droite... Je possède encore le cahier de musique que Rosine avait demandé, recouvert par ma mère d'un protège-cahier bleu, avec les portées de musique où étaient notées mes premières leçons. Autre souvenir marquant de ce premier cours, Rosine avait recommandé à ma mère un magasin où trouver une housse pour mon instrument, car, lorsque ma mère avait acheté la guitare, elle n'avait pas pensé à acquérir également une housse pour la protéger pendant le transport. Aussi, lorsque je suis allée pour la première fois avec au conservatoire, ma mère avait glissé l'instrument dans un grand cabas. J'ai rapidement eu une housse ensuite, mais ce souvenir de ma guitare dans un sac est une image que je trouve amusante chaque fois que j'y repense.

Au moment où j'ai commencé « sérieusement » la musique, j'étais donc âgée de huit ans, ce qui est à la fois jeune mais presque déjà tard si l'on envisage de devenir professionnel dans un milieu aussi exigeant, où le temps est compté dès le plus jeune âge. Et même si les efforts de ma mère n'avaient pas été vains, puisque son enseignement du b.a.-ba de la musique nous a permis de monter très vite d'une classe à l'autre, les enfants destinés à devenir professionnels débutent généralement vers l'âge de quatre ou cinq ans. Il faut dire aussi que la plupart d'entre eux sont issus de familles de musiciens, donc baignés dans cet univers et imprégnés de son fonctionnement. Pour ma part, je n'appartenais pas à ce milieu, mais mes parents étaient mélomanes et nous emmenaient régulièrement au concert, au musée, au cinéma... J'avais toujours « vécu en musique », dans un environnement culturel, et ce dès mon plus jeune âge.

2

Mon enfance en musique

Je suis née à Paris, à l'hôpital Notre-Dame de Bon-Secours, dans le 14e arrondissement, un certain 27 juin 1978. Quelques mois plus tôt, mes parents avaient appris que nous étions deux, mais sans savoir à quel sexe nous appartenions. Pour une raison que j'ignore, mon père était convaincu que nous étions des filles, et les prénoms étaient décidés bien avant notre arrivée : la première venue au monde s'appellerait Zahia, vieux prénom arabe qui signifie « splendeur » et « lumière », mais aussi « porte-bonheur », et la seconde, Fettouma, en hommage à la femme qui avait élevé mon père. Je dois mon prénom, en quelque sortes, à mon ordre d'arrivée dans la vie. Il me plaît car ce n'est pas un prénom courant, un peu à l'image de mon parcours : atypique. J'aime sa sonorité, courte mais jolie, et on peut dire que, comme promis, il m'a porté bonheur.

Deux ans plus tard, dans le même hôpital, naîtra mon frère, Mehdi. L'un de mes premiers souvenirs est d'ailleurs lié à cet endroit, à ce jour précisément où notre père nous a emmenées voir notre mère partie de la maison pour une raison que je comprenais mal à l'époque. Elle nous attendait, assise à l'entrée de la maternité, sur le petit banc à côté de la statue, et de la revoir soudain, j'ai été submergée par une formidable sensation de soulagement et de sécurité. Aujourd'hui encore, quand je dirige des concerts dans la chapelle Notre-Dame de Bon-Secours, au sein de cet hôpital, ce qui m'arrive régulièrement, j'éprouve la même sérénité qu'à mes deux ans. Ce lieu est toujours rassurant pour moi.

Je suis venue au monde à Paris, donc, de parents profondément amoureux de la musique. Dès son arrivée en France, en 1962, mon père se rendait régulièrement à la salle Pleyel, qui se trouvait à proximité du restaurant où il travaillait comme chef de rang. Il y a quelques mois, j'ai retrouvé par hasard un vieux programme de l'époque. Il s'agissait d'un des concerts de musique de chambre auquel il avait assisté, et plus particulièrement d'un trio où j'ai lu en frissonnant les noms suivants : Sviatoslav Richter au piano, Mstislav Rostropovitch au violoncelle, David Oïstrakh au violon. Mon père avait vu ces trois monstres réunis sur une même scène! Quand je pense qu'il venait d'un petit village de montagne en Kabylie et qu'il n'était jamais allé à l'école, ce goût inné pour la musique est étonnant. Autodidacte curieux du monde et avide de connaissances, mon père avait appris à lire tout seul et s'était instruit en écoutant la radio, en lisant les journaux, *Le Monde* surtout, en allant au spectacle, au concert, au musée. Ma mère, qui le rejoindrait en France en 1977, partageait avec lui ce goût pour la culture, que tous deux nous ont d'ailleurs transmis dès le plus jeune âge. Lorsque mon père a rencontré ma mère, elle était secrétaire au ministère de la Justice en Algérie. C'était l'une des premières secrétaires algériennes après l'indépendance du pays et sans doute a-t-elle plu à mon père pour sa grande liberté : elle était allée à l'école, portait des pantalons, avait choisi le métier qui lui plaisait et, de surcroît, elle allait épouser l'homme qu'elle désirait. Cela peut sembler normal aujourd'hui (et encore ! ça ne l'est pas partout), mais à l'époque ce n'était pas courant. Habituellement, une femme ne travaillait pas et se mariait jeune. Ma mère, elle, s'est mariée à trente ans ; dans beaucoup de familles arabes, cela aurait été problématique. Pas dans la sienne car les femmes de la famille avaient toujours eu une forte personnalité... Sa propre mère déjà, née en 1923, avait fréquenté l'école, accueilli et caché chez elle des résistants durant la guerre d'Algérie avant de s'investir dans la vie locale, en tenant les bureaux de vote par exemple. Et aujourd'hui, alors qu'elle a plus de quatre-vingt-six ans, lorsqu'elle vient nous rendre visite en France, elle se déplace partout seule avec sa carte Navigo. Je crois qu'elle connaît mieux Paris que nombre de Parisiens !

Les modèles de ma grand-mère et de ma mère ne sont pas anodins dans mon parcours. Parce qu'elles n'ont jamais eu peur d'exprimer leurs idées et de s'engager, elles sont pour moi la preuve vivante que, dans la vie, il ne faut rien s'interdire. Tout autant que les hommes, les femmes ont le droit de faire ce qu'elles ont choisi, et d'être ce qu'elles ont envie d'être. Alors, pourquoi pas chef d'orchestre ?

Après trois années à Paris, dans le 14e arrondissement, nous sommes partis à Pantin. Mes parents emménageaient dans l'une des premières grandes tours d'immeubles, au septième étage. C'est amusant car, toute mon enfance et mon adolescence, j'ai vu depuis cette tour la maison que mes parents achèteraient quelques années plus tard, et que j'habite désormais avec mon mari. Dans les années 1980, ce quartier de Pantin était comme un village dont je connaîtrais bientôt les rues par cœur. L'école maternelle, l'école primaire et le collège se trouvaient dans le même pâté de maisons. Ma mère nous emmenait régulièrement en promenade au bout de notre rue – à une centaine de mètres seulement ! – voir les vaches dans la ferme voisine. Il y avait quelques vaches et, franchement, on se serait cru dans un village de campagne. Aujourd'hui, il n'y a plus d'animaux depuis longtemps et la ferme a été remplacée par une résidence médicalisée pour personnes âgées. Le terrain vague autour de notre tour dans lequel nous jouions a laissé place à un centre commercial. Le village est progressivement devenu une ville et j'ai vraiment vu s'opérer le changement entre les années 1980 et aujourd'hui.

Je garde un bon souvenir de mon enfance à Pantin, chère à mon cœur car c'est dans cette ville que j'ai eu mes premiers amis, pratiqué mes premières activités sportives (le tennis, la gymnastique et la natation) et, surtout, c'est là que j'ai fait mes débuts en musique, au conservatoire. Beaucoup de gens à Pantin se souviennent encore de ma mère, le violoncelle de Fettouma à un bras et ma guitare à l'autre, nous emmenant plusieurs fois par semaine au conservatoire. Nous nous y rendions à pied et en profitions pour aller à la piscine, située à quelques mètres de distance. Toute ma jeunesse, j'ai pratiqué la natation de façon intensive, jusqu'à atteindre un niveau de compétition. À cette époque, il m'arrivait couramment de venir aux cours de guitare les cheveux mouillés ! Puis il m'a fallu faire un choix, car cela me prenait trop de temps et était devenu inconciliable avec la musique.

Et c'est à Pantin que j'ai vécu mes premières expériences de chef, si je puis dire, car à huit ans, j'avais déjà dirigé deux fois !

La première fois, c'était en grande section de maternelle. La maîtresse avait monté une chorale et m'avait choisie pour la diriger. J'étais très contente, surtout parce qu'on allait se produire devant nos parents. Je ne me souviens pas du tout de l'air en question, ce devait être une chanson enfantine classique, mais en revanche je me rappelle très précisément les mots de la maîtresse. Elle m'a dit : « Pour faire démarrer les enfants, tu leur chantes tout bas le début de la chanson et après, tu fais 1-2 en tapant dans les mains et hop, tout le monde commence à chanter en même temps. » C'était ma première approche du métier et je me souviens que, grosso modo, cela avait fonctionné.

La seconde fois, j'étais en CE2. Même situation : le professeur m'avait désignée pour diriger la chorale de ma classe après un spectacle de théâtre où nous avions conté des fables de La Fontaine. C'était une femme assez âgée et très sévère. Elle nous faisait faire du théâtre, de la peinture et de la couture. J'adorais la couture, mais il ne fallait pas se tromper : si nous rations un seul point, elle nous faisait tout défaire. Ça m'est arrivé un jour, je m'en souviens, et j'ai pleuré ! Je n'arrivais pas à me calmer. Aujourd'hui, la musicienne que je suis devenue, qui sait combien la précision est fondamentale, considère que c'était un bon moyen pour nous faire comprendre que chaque détail a son importance.

De ces deux « baptêmes » comme chef d'orchestre, je conserve un souvenir de plaisir et de joie. Cela me paraissait facile, et lorsque je voyais les enfants suivre ma direction, mes mains, j'étais remplie de fierté, notamment face à mes parents. Je crois que, déjà, ce rôle me convenait parfaitement.

Mon enfance à Pantin a ainsi passé, ponctuée de multiples activités en dehors de l'école : le conservatoire, la natation, les amies… et Fettouma. J'ai eu la chance de grandir avec une sœur jumelle à mes côtés.

Je trouve la gémellité riche et intéressante pour une raison précise : côtoyer quelqu'un qui évolue en même temps, qui acquiert de la maturité au même moment. Fettouma et moi en avons d'autant profité que nous avions en commun notre amour pour la musique.

Je me suis sentie bien dans chacune de mes écoles successives et particulièrement durant mes deux premières années au lycée Marcelin-Berthelot, qui comptait d'excellents professeurs. Au lycée, j'ai renoué avec celles et ceux que j'avais quittés pour le collège, et j'ai donc retrouvé de « vieux » camarades de l'école primaire. Des amis d'enfance ou d'école, il ne m'en reste que de Pantin et de cette période de ma vie. Plus tard, en terminale au lycée Racine puis à la Sorbonne, je ne connaîtrai pas de relations amicales fortes.

Les lycées de banlieue sont souvent critiqués et bon nombre d'idées reçues circulent sur l'enseignement qu'on y dispense, la qualité des professeurs, l'encadrement souvent jugé défaillant…

Pour ma part, je peux témoigner qu'au lycée Marcelin-Berthelot de Pantin, j'ai été heureuse et très bien entourée. Le niveau scolaire y était bon et les professeurs investis et exigeants, ce qui me convenait car j'adorais apprendre.

Je me souviens surtout de relations très humaines, constructives et chaleureuses avec mes professeurs.

Je garde en mémoire deux personnes en particulier, qui ont marqué mes années de seconde et de première littéraire : mon professeur d'allemand, Mme Josiane Huin, et mon professeur d'histoire, M. Olivier Dard.

La première nous a emmenés deux années de suite visiter Berlin, une ville culturellement riche, à l'orchestre réputé. J'en garde des souvenirs très forts. Sur place, nous avons visité de nombreux musées, vu les vestiges du Mur, assisté à un concert à la Philharmonie de Berlin et sommes allés à l'Opéra, dont je conserve un souvenir extraordinaire : l'opéra *Rigoletto* de Giuseppe Verdi, avec le Staatsoper Berlin dirigé par Daniel Barenboïm. La distribution des chanteurs était fabuleuse…

Le second professeur, enseignant également à Sciences-Po Paris, m'a communiqué la passion de l'histoire. Il nous apprenait à exercer notre esprit critique, nous incitait à développer des idées et à les défendre. Il insistait beaucoup sur la culture générale et sur l'intérêt que nous devions porter à l'information.

Je me rends compte aujourd'hui que, grâce au sens de la curiosité transmis par nos parents (à la maison, nous lisions beaucoup, nous suivions les informations et parlions politique) et à la pratique de la musique, qui ouvre au monde et à sa richesse, nous avions acquis une bonne culture générale. Ce n'était pas le cas de certains de nos camarades, dont les lacunes étaient parfois criantes ; je me souviens de cette réponse faite par un élève à la question de notre professeur d'histoire sur l'obédience politique des médias français, classant *Le Figaro* parmi les journaux communistes ! Ou de cet autre élève interpellant ce même professeur en lui demandant ce qu'était la Tchétchénie, alors en pleine guerre avec la Russie !

Malgré notre pratique intensive de la musique, Fettouma et moi accordions de l'importance et du temps à nos études. Nous travaillions beaucoup, souvent bien plus que nos camarades de classe dont j'enviais parfois la liberté après le lycée. Mais tout le monde comprenait et respectait notre travail comme notre passion, professeurs comme élèves. Et personne ne nous a jamais marginalisées parce que nous pratiquions la musique classique ou étions studieuses. Cela pourra en étonner certains, mais ce n'est jamais arrivé !

Je retiendrai de ces années au lycée Marcelin-Berthelot l'ambiance de travail et la qualité des relations avec les professeurs, que je n'ai pas retrouvée ensuite, en terminale, lorsque j'ai intégré le lycée Racine à Paris.

Passionnée par nombre de matières, je voulais tour à tour me lancer dans des études d'histoire, de droit, de musique ou encore faire Sciences-Po. Je choisirai finalement la seule voie qui n'était pas toute tracée, la musique, dont je peux dire aujourd'hui qu'elle était vraisemblablement la moins probable et surtout la moins facile.

3

La première de mes « belles personnes »

En commençant ce livre, j'écrivais que de « belles personnes » avaient jalonné mon parcours et m'avaient aidée à devenir ce que je suis. J'ai rencontré la première d'entre elles au conservatoire de Pantin en la personne de Rosine Chabrun, professeur de guitare. De huit ans à vingt ans, je suivrai son enseignement. Je la remplacerai même plus tard, une année durant, au conservatoire comme professeur.

Lorsque j'arrive à mon premier cours, c'est avec réticence, car je voulais pour professeur le monsieur que j'avais vu toute l'année précédente, pendant que Mehdi était au jardin musical. Cependant, cette femme de vingt-cinq ans qui m'accueille, sourire aux lèvres, me plaît immédiatement. Je la regarde avec mes yeux de petite fille et la trouve jolie, et bien habillée, d'une façon simple, décontractée. Elle me met tout de suite à l'aise. Très vite, j'oublie le monsieur réservé. Elle se montre gentille, attentionnée avec moi, et cela me rassure. En même temps, je perçois immédiatement qu'avec elle, il faudra bosser. La guitare n'est pas une plaisanterie... Cette première impression s'est confirmée tout au long des douze années que j'ai passées avec elle : elle s'est toujours montrée un professeur décontracté, mais ferme et exigeant.

En tout cas, ce jour-là marque le début d'une relation qui dure encore et s'est transformée en amitié.

Rosine accordait beaucoup d'importance à ce que les musiciens jouent ensemble, et je lui dois sans aucun doute mon goût pour la musique de chambre et pour l'orchestre. Je me souviens en particulier d'une anecdote. Nous étions depuis quelques mois seulement inscrites au conservatoire de Pantin, Fettouma en violoncelle et moi en guitare. Rosine a alors fait écrire par l'un de ses amis compositeurs un duo violoncelle-guitare, spécialement pour nous. Bien sûr, la composition en était très simple, adaptée à des enfants de huit ans et à notre niveau de débutantes, mais le fait que mon professeur ait pensé à nous faire jouer, ma sœur et moi, ensemble m'avait beaucoup touchée. Nous avions passé une petite audition, où je me souviens d'avoir été un peu perdue mais qui reste dans mon cœur comme un moment très émouvant, et, surtout, fondateur, je pense, de mon intérêt pour le travail d'ensemble. Aujourd'hui, en tant que directrice de l'École de musique et de danse de la ville de Stains, j'accorde une place très importante à la pratique collective, comme la classe d'orchestre, par exemple, que je place au centre de l'enseignement. C'est, à mon sens, plus important encore que la seule pratique individuelle de l'instrument, hélas souvent la plus privilégiée... J'y reviendrai un peu plus loin.

Rosine a été très présente pour moi dès le départ et, parce qu'elle était extrêmement exigeante, m'a révélé combien jouer d'un instrument réclamait travail et régularité. Dans la musique comme dans le sport, un mauvais professeur peut gâcher les chances d'un futur musicien, comme un mauvais entraîneur celles d'un sportif de haut niveau. Parce qu'elle y croyait et qu'elle s'est beaucoup investie auprès de moi, Rosine a su me conduire à un niveau professionnel. Elle a été un professeur idéal.

La guitare est un instrument difficile, comme tous les instruments d'ailleurs. Pratiquée à haut niveau, elle exige de nombreuses heures quotidiennes de travail pour entretenir la précision des micromouvements à effectuer. Parce qu'on regarde beaucoup ses doigts, c'est une pratique où l'on reste très centré sur soi. Je me suis peu à peu sentie enfermée dans cet instrument et, de surcroît, pas vraiment acceptée dans le monde des guitaristes. Ce qui me fascinait à l'époque, c'étaient les poèmes symphoniques de Strauss et les symphonies de Beethoven... pas tout à fait le répertoire de la guitare !

Au bout de quelques années avec Rosine, j'ai traversé une période difficile, à la préadolescence, comme c'est souvent le cas. Cela a commencé à douze ans, âge auquel je me suis mise à ne plus aimer ni la guitare ni l'exigence de Rosine. Je trouvais qu'elle me demandait trop de travail, ne pas pouvoir jouer en orchestre me pesait de plus en plus. Parallèlement, Fettouma avait commencé à jouer de la musique de chambre, notamment en quatuor à cordes, la formation que les grands compositeurs tels que Mozart, Schubert, Beethoven affectionnaient particulièrement. J'avais très envie de jouer dans ces formations, comme elle, et j'ai été tentée de commencer moi aussi le violoncelle. À l'époque, mes professeurs m'ont conseillé de choisir un autre instrument que celui de ma sœur. J'ai alors opté pour l'alto, un instrument de la famille des violons, plus grand et au son plus grave. Je l'avais découvert en classe de musique de chambre avec Rosine et sa tessiture me plaisait beaucoup. Je n'ai jamais regretté mon choix.

Je commence donc l'alto parallèlement à la guitare. Je possédais, grâce à ce dernier instrument, des acquis qui m'ont permis de progresser sans avoir l'impression de fournir beaucoup d'efforts. Car à l'époque, comme tous les jeunes de mon âge, j'avais beaucoup plus envie d'aller au cinéma et de retrouver mes amis que de travailler !

Je me souviens, vers l'âge de douze-treize ans, avoir voulu arrêter la guitare. Rosine insistait pour que je continue. À ce moment-là, j'avais une scoliose et allais chez un kinésithérapeute faire de la rééducation. Je rêvais secrètement qu'il me dise d'arrêter la guitare à cause de mon dos ! Je serais arrivée chez Rosine avec un certificat médical m'obligeant à interrompre les cours. J'en rêvais mais, évidemment, ça ne s'est pas fait. Heureusement d'ailleurs…

À la maison, je me faisais régulièrement reprendre par mes parents car Rosine leur disait que je ne travaillais pas assez. C'était difficile pour eux mais ils ont tenu bon et ne m'ont pas lâchée durant ces deux années, que j'appelle ma « période de sommeil ». Aujourd'hui, je dis souvent aux parents dont les enfants traversent des moments de désintérêt : insistez, ils vous remercieront plus tard. Cela peut paraître simplet comme discours, mais c'est tellement vrai ! Souvent, les enfants qui ont cinq ou six ans de musique derrière eux veulent soudain arrêter à la préadolescence. À cet âge, travailler est considéré comme pénible, et les jeunes préfèrent le cinéma, les amis, le sport. Pratiquer la musique devient alors difficile, car cela demande des efforts et des compromis. Il faut insister car « forcer » permet aussi une prise de conscience.

Heureusement pour moi, mes parents et mes professeurs n'ont pas cédé. Cela m'a permis de mûrir et de comprendre que c'était à moi de prendre mon destin en main. Et mon destin, c'était la musique, bien sûr, et particulièrement la direction d'orchestre.

C'est à ce moment-là que deux expériences allaient me faire changer radicalement de façon de penser et m'aider à quitter ma période de sommeil une bonne fois pour toutes. J'avais treize ans.

La première a rapport avec la guitare. En vue d'un concert public, j'avais travaillé un programme pour guitare seule, dont de véritables œuvres du grand répertoire de la guitare et non plus des œuvres arrangées ou écrites pour les débutants. Il s'agissait d'une *Barcarolle* d'Emilio Pujol et de la *Suite Compostellana* de Federico Mompou. Rosine avait réussi à obtenir que je me produise lors d'une audition normalement réservée aux élèves plus avancés et à m'amener à travailler un peu plus pour aborder ce répertoire difficile. J'avais été touchée de la confiance qu'elle me montrait en m'y inscrivant. Mais ce qui fut révélateur pour moi, c'est le fait d'avoir été félicitée à l'issue de l'audition, et notamment par certains professeurs de renom habituellement avares de compliments. Soudain, je passais du statut d'élève au statut de « jeune artiste », j'étais valorisée et reconnue pour mon talent. À l'adolescence, quand on se pose beaucoup de questions, il est précieux de se sentir valorisé, de façon saine, grâce au travail accompli. Avoir une belle image de soi donne confiance et fait évoluer le regard des autres. Ce fut un véritable déclic. J'ai pris conscience que la musique pouvait être une chance pour moi et cela m'a convaincue, plus que tout autre discours, de persévérer. J'avais envie d'être considérée comme une artiste et j'étais d'autant plus motivée que je commençais à aborder des œuvres intéressantes à la guitare.

La seconde expérience eut pour décor le cours de composition, que j'avais commencé à suivre au conservatoire. Les élèves les plus avancés composaient des œuvres destinées à être spécifiquement créées lors du festival « Musiques à l'encre fraîche » de Pantin. Un des compositeurs avait écrit une pièce nécessitant deux chefs d'orchestre différents. Pour le concert programmé dans le cadre du festival, deux chefs avaient donc été choisis par le professeur de composition et directeur du conservatoire de Pantin, Sergio Ortega. Pour la première partie, et au grand étonnement de mes parents, des professeurs et de moi-même, j'ai été retenue, du haut de mes treize ans, certainement parce qu'il me voyait comme une élève curieuse et dégourdie.

Cela a été un véritable déclencheur, dans le sens où je me suis rendu compte ce jour-là combien le métier de chef m'attirait. Soudain, à diriger tous ces musiciens, je découvrais des sensations jusque-là inconnues : j'avais une écoute globale et, comme le professeur de composition m'avait laissé le soin de conduire les petits bouts de répétitions comme je le désirais, j'avais pu donner un avis musical sur l'œuvre. Désormais, je n'étais plus une simple élève mais une jeune fille autonome, qui prenait son travail en main et le conduisait en assumant ses choix. Cette prise d'initiative m'a immédiatement plu. Je crois pouvoir dire aujourd'hui, sans me tromper, que cette expérience est à l'origine de ma décision profonde, et encore secrète : devenir chef d'orchestre. Je m'autorisais enfin à formuler cette pensée, et même s'il y avait une seule chance sur un million, me disais-je, pourquoi ne pas essayer ?

Ces deux expériences signèrent la fin de ma « période de sommeil ».

Rosine était toujours là, présente : elle avait su m'attendre. De mon côté, je n'étais plus gênée par la quantité de travail. Parallèlement à l'alto, j'ai continué la guitare jusqu'à obtenir, à l'âge de dix-huit ans, mon premier prix de guitare classique. J'en jouerai, au plus haut niveau, encore plusieurs années, notamment en soliste avec orchestre et en récital, avant d'accepter de ne la pratiquer que ponctuellement, mon activité artistique étant désormais exclusivement axée sur la direction d'orchestre.

J'avais donc quatorze ans tout juste au moment de mon « réveil ». Je me suis mise aussi à travailler très intensément l'alto, de façon à atteindre au plus vite mon objectif, qui était d'intégrer des orchestres et des groupes de musique de chambre. J'ai avancé pas à pas, parfois poussée par la frustration de ne pas pouvoir jouer comme Fettouma, qui avait déjà plusieurs années de violoncelle derrière elle et donc des projets d'orchestre plus avancés que les miens. Là encore, Rosine m'a encouragée. Parce qu'elle était un professeur de guitare atypique, qui écoutait des symphonies et aimait l'orchestre, elle a parfaitement compris que je voulais découvrir un autre univers musical, et elle m'y a poussée.

Désormais, j'écoutais différentes versions d'une même œuvre et je cherchais à voir quelle direction d'orchestre me semblait la plus pertinente et pour quelles raisons. Lorsque j'écoutais un CD, je battais la mesure. J'empruntais également à la bibliothèque du conservatoire des conducteurs d'orchestre (c'est-à-dire les partitions destinées au chef d'orchestre sur lesquelles sont écrites les partitions de tous les instruments) et je consacrais beaucoup de temps à les lire. Je me souviens notamment des *Symphonies* de Mozart que je lisais dans mon lit, sous les draps à la lueur d'une lampe torche, après le passage de mon père ou de ma mère pour l'extinction des feux !

Ma nouvelle vie de musicienne commençait sur une vision encore idyllique du métier. Car si j'avais compris qu'être chef d'orchestre réclamait de l'autorité, je n'avais pas idée des pressions induites. Je ne percevais pas l'importance que prenaient les relations humaines dans un groupe ni que j'allais me trouver si seule face à des dizaines d'individus. Je n'avais surtout pas imaginé combien serait difficile le chemin qui conduit jusqu'à l'estrade. À treize ans, on m'avait placée directement face à un orchestre, baguette en main si je puis dire, et j'étais loin d'imaginer toute l'énergie et la persévérance qu'il me faudrait ensuite pour arriver à mes fins : monter sur cette fameuse estrade, sur scène, face aux musiciens et face au public.

Malgré toutes ces incertitudes, je me sentais soutenue et accompagnée dans ma démarche par mes professeurs du conservatoire de Pantin. D'un côté, mon professeur d'alto, Cécile, qui avait bien compris mon intérêt pour le répertoire symphonique et d'opéra, me faisait travailler des extraits de partitions d'orchestre afin d'allier le travail technique nécessaire à la découverte de ce répertoire. De l'autre, mon professeur de formation musicale, Roselyne, m'enseignait l'analyse, l'harmonie, l'orchestration et la lecture de notes pour mieux comprendre une partition d'orchestre. Malgré sa sévérité et sa dureté apparente, elle le faisait avec beaucoup de générosité et, je le comprends mieux maintenant, d'envie de me voir réussir.

Quelques autres « belles personnes » telles que Sergiu Celibidache, Jean-François Benatar, Raphaël Pidoux, Jean-Marc Phillips-Varjabedian ou encore ma grand-mère marqueront mon parcours. Je leur accorderai à chacun, plus loin, une attention plus particulière.

4

« Vous n'avez aucune chance dans ce métier »

Si mon choix de m'orienter vers la direction d'orchestre était fait, je n'avais pas encore osé en parler ouvertement à qui que ce soit. Or, à ce moment-là, un nouveau chef dirigeait l'orchestre des étudiants du conservatoire de Pantin dans lequel je jouais. Il était jeune et me semblait plus abordable que les autres. À l'époque, les murs de ma chambre d'adolescente étaient couverts d'affiches, d'un côté les stars de séries américaines et, de l'autre, les grands chefs d'orchestre que j'admirais entre tous : Herbert von Karajan, Erich Kleiber, Claudio Abbado et surtout Sergiu Celibidache.

Aussi, à la fin d'une répétition, mon alto sous le bras, je me décide, m'approche du jeune chef, et lui explique ma passion pour le métier et mon envie de devenir chef d'orchestre à mon tour. Je n'oublierai jamais l'expression de son visage : il semblait estomaqué, comme si je lui avais annoncé que je comptais m'installer sur la Lune! Puis, remis de son étonnement, il m'assène de but en blanc, d'un ton laissant entendre que l'affaire était définitivement réglée : « Ce n'est pas un endroit pour les femmes, le milieu est trop macho. Vous n'avez aucune chance dans ce métier. Oubliez cette idée, pensez à autre chose. »

J'avais quinze ans et, d'un seul coup, mon rêve de gamine s'écroulait. C'était d'autant plus douloureux qu'il m'avait dit cela d'une façon brutale, sans le moindre ménagement... J'étais affreusement déçue.

Cette anecdote a inauguré pour moi une longue période d'incertitude. Durant plusieurs années, je ne serais plus sûre de rien et le doute m'envahirait. Est-ce que je réussirais à faire de la musique mon métier ? Et si oui, lequel en particulier ? Serais-je altiste ou bien arriverais-je à devenir chef d'orchestre ? J'étais pleine d'interrogations et les trois années durant lesquelles mon père s'est retrouvé au chômage ont suscité encore plus de questionnements chez moi. Je découvrais ce que c'était que d'être inquiète pour l'avenir.

C'est sans doute pour ces raisons que j'ai souhaité plus tard, parallèlement à mes études au conservatoire, suivre des études universitaires. Je suis entrée en faculté de musicologie à la Sorbonne afin d'acquérir des connaissances théoriques et musicales complémentaires et, surtout, un diplôme. Avoir suivi un cursus universitaire m'a rassurée, ainsi que mon père et ma mère, soucieux comme beaucoup de parents de voir leur enfant posséder un bagage universitaire lui permettant d'envisager une seconde voie, si nécessaire.

Ces années de faculté ne sont pas mes meilleurs souvenirs mais j'en suis sortie avec une licence en musique et musicologie et presque une maîtrise, puisque je n'ai pas pu la terminer, à mon grand regret, du fait de mes nombreuses activités artistiques et professionnelles.

Quelques années plus tard, j'obtiendrai le concours de professeur chargé de direction d'ensembles instrumentaux qui légitimera mon poste au sein des conservatoires comme professeur d'orchestre et me permettra d'accéder ultérieurement à la direction d'un établissement d'enseignement artistique.

Très jeune, j'ai éprouvé le besoin de me prouver que je pouvais vivre de la musique. Vers l'âge de quatorze-quinze ans, j'ai donc commencé à gagner de l'argent en donnant des cours de guitare et en « cachetonnant », c'est-à-dire en participant à différents concerts et en étant payée en « cachets » d'artiste. Dès l'âge de dix-huit ans, j'ai enseigné la guitare, l'alto et surtout la pratique d'orchestre, en tant que chef d'orchestre, dans plusieurs conservatoires (à la Ville de Paris, à Pantin, à Gournay-sur-Marne, à Pavillons-sous-Bois et à Stains). Parallèlement, je continuais à me produire en concert.

Fidèle à la tradition familiale, c'est-à-dire persévérer dans ses projets, je n'avais pas abandonné mon objectif de devenir chef d'orchestre et, l'année de mes seize ans, j'ai intégré la classe d'un nouveau professeur d'orchestre au conservatoire de Pantin, Marc Togonal, dont la vision du métier était bien différente de celle du jeune chef briseur de rêve. Selon lui, peu importait qu'un chef d'orchestre soit une femme ou un homme, pourvu qu'il, ou elle, respecte la musique et les pensées du compositeur.

Mon projet redevenait réalisable.

Au fil de l'année passée avec lui, je pris de plus en plus goût à la direction d'orchestre. Il insistait beaucoup sur le rapport entre le geste et la musique et ironisait parfois sur certains comportements. « Quelques chefs font de grands gestes, gesticulent avec beaucoup de manières, mais si les musiciens jouaient vraiment de la façon dont ils dirigent, ils seraient surpris du résultat! » Auprès de lui, j'ai compris que le « show » d'un chef n'avait rien à voir avec le métier. Il nous parlait beaucoup du Roumain Sergiu Celibidache, qu'il tenait pour un chef d'orchestre sincère et éloigné du star-system. C'est d'ailleurs grâce à lui que je ferais bientôt connaissance avec le maestro.

5

J'allais rencontrer l'homme en poster dans ma chambre !

C'était une belle journée de juillet. Cet été-là, Marc Togonal, mon professeur d'orchestre et de musique de chambre, accueillait un stage de direction de chœur et d'orchestre dans son petit village de Bourgogne. Sensible à notre passion et à notre curiosité pour la musique, il nous avait invitées, Fettouma et moi, à venir en auditeurs libres.

J'assistais donc aux cours de direction d'orchestre et de gestique donnés en l'occurrence par Konrad von Abel, l'assistant de Sergiu Celibidache. Au bout de quelques jours, me voyant au fond de la salle appliquer discrètement ce qu'il enseignait, celui-ci m'interpelle à la fin de l'un des cours et me dit : « Je te vois travailler dans ton coin. Tu ne veux pas essayer ? » Il me tend alors une partition : une œuvre pour chœur de Felix Mendelssohn.

J'étais à la fois très heureuse de cet intérêt à mon égard et morte de peur à l'idée de me retrouver, comme tous les autres étudiants chefs d'orchestre et de chœur, devant les musiciens, soumise à la sévérité extrême de ce professeur, fidèle héritier en cela de l'exigence et de la rigueur de Sergiu Celibidache.

Car le chef roumain dirigeait toujours par cœur, sans partition, pour être, disait-il, entièrement disponible à l'écoute, à la musique et dans l'échange avec les musiciens. Il exigeait la même chose de ses élèves et également de son assistant.

Ce soir-là, je suis rentrée dans ma chambre et j'ai passé toute la nuit à apprendre la partition, ce qui m'a demandé un travail considérable. Bien que j'aie commencé à lire régulièrement les conducteurs d'orchestre, j'avais très peu d'expérience à l'époque et besoin de beaucoup plus de temps que simplement quelques heures pour connaître une œuvre par cœur.

J'ai tout de même réussi à dormir un peu, mais lorsque je me suis réveillée le matin, j'étais stressée comme si j'avais un concours à passer !

J'arrive au cours... et la matinée s'écoule sans que l'assistant me fasse passer. J'étais déçue mais également soulagée qu'il m'ait oubliée, car c'était pour moi une véritable épreuve.

Puis, le lendemain, alors que je ne m'y attendais plus, voilà qu'il m'appelle. Il me fait diriger devant le chœur, ce qui n'est pas ma spécialité, mais je me lance, la gorge et le ventre noués.

À la fin, il me demande :

– Tu as déjà dirigé ?

– Non.

Alors il me répond ceci, qui décidera de tout :

– Tu es très douée. C'est impressionnant, cette faculté naturelle à diriger. Tu peux envisager de devenir chef mais il faudra beaucoup travailler !

Il clôture ensuite le cours en remerciant les musiciens puis s'approche d'un élève et lui demande, en allemand : « Tu pourrais la conduire la semaine prochaine chez le maestro ? » Encore étourdie par ce qui venait de se passer, je l'entends me faire cette proposition : « Si cela t'intéresse, tu pourras rencontrer le maestro prochainement. »

Sur le coup, je n'ai pas compris ce que cela représentait. J'avais l'impression d'avoir fait les choses simplement, naturellement. Après avoir repris mes esprits, j'ai pensé à ma rentrée scolaire en terminale à Racine, à l'alto et à la guitare que je pratiquais déjà… puis à cette soudaine opportunité qui se présentait à moi, en plus de tout le reste. Je trouvais hallucinante la perspective de rencontrer l'homme que j'avais en poster dans ma chambre. Là, j'ai vraiment commencé à prendre conscience de ce qui se passait !

De retour chez moi, mes parents n'ont pas affiché l'enthousiasme que j'espérais. Parce qu'il n'avait pas pu aller à l'école, mon père considérait que les études et la réussite scolaire étaient ce qu'il y avait de plus important et il se montrait, tout comme ma mère, très exigeant sur nos résultats scolaires. Lorsque je lui ai raconté ce qui m'était arrivé, il m'a répondu avec un peu d'agacement dans la voix : « Mais qu'est-ce que c'est que ça, encore ! » Heureusement, il avait confiance en moi et ne m'a, au final, rien interdit. Par ailleurs, ayant une riche culture musicale, il savait parfaitement qui était Sergiu Celibidache, et je crois qu'au fond de lui il était très heureux que je puisse rencontrer un homme de cette qualité.

Le jour J, j'ai bien failli ne pas aller au rendez-vous, à la fameuse rencontre avec le maestro. Il était convenu que les élèves présentent la *Symphonie n° 9* d'Anton Bruckner, la symphonie romantique par excellence, qu'il fallait bien sûr connaître par cœur. C'est une œuvre qui demande beaucoup d'expérience. Mais c'était le programme du moment chez le maître, par ailleurs grand admirateur et spécialiste de Bruckner, et je n'avais pas le choix. Honnêtement, la perspective de me produire devant le grand Sergiu Celibidache avec, qui plus est, cette œuvre en particulier me paralysait, et j'ai réellement failli renoncer. Puis j'ai réfléchi et décidé de prendre sur moi ; tant pis, j'allais faire de mon mieux avec le peu d'expérience que j'avais, voilà tout. Ne pas avoir peur et ne rien s'interdire : les exemples de ma mère et de ma grand-mère me revenaient à l'esprit.

Donc, en ce mois de juillet 1995, je me rends au Moulin, la résidence secondaire du maestro dans laquelle il dispensait ses cours d'été. Située près d'Orléans, c'est une propriété sobre mais magnifique avec un parc arboré de toute splendeur. À lui seul, le cadre était impressionnant.

Je me souviendrai toujours de ma première rencontre avec le maître. Cela se passait dans une grande pièce située en rez-de-jardin. Il se trouvait là, sur une chaise au milieu de la salle, entouré de ses élèves assis devant lui en arc de cercle. Il était très âgé, il avait alors quatre-vingt-trois ans. Une lourde chevelure blanche encadrait son visage. Il se déplaçait difficilement et était toujours assis, mais il rayonnait d'élégance et de beauté. Jeune, Sergiu Celibidache impressionnait par son talent, son caractère et également son charme. Tout au long de sa carrière, il avait dirigé les plus grands orchestres symphoniques de la planète. À Paris, il avait particulièrement marqué son passage à l'orchestre anciennement nommé de l'ORTF. En Allemagne, il avait dirigé la Philharmonie de Berlin et avait porté l'Orchestre philharmonique de Munich, dont il fut le directeur musical à la fin de sa carrière, sur les devants de la scène musicale internationale.

J'entre, osant à peine croiser son regard, dont l'acuité pouvait vous transpercer, et je m'installe parmi les élèves en espérant qu'il ne me verra pas.

Il nous demande alors de nous lever et de diriger. Le groupe s'exécute et je fais de même. Il s'agit de quelques exercices de gestique puis, comme prévu, nous dirigeons le début de la *Symphonie n° 9* de Bruckner. Il chante la musique tout en nous regardant, un par un. Au bout d'un moment, il hurle en s'adressant à moi :

– Mais qui t'a appris à diriger comme ça !

Tout le monde s'arrête, net. Quant à moi, je reste tétanisée de peur, incapable de répondre quoi que ce soit. Je pense aussitôt que ce que j'ai fait n'est pas bien.

L'élève qui m'avait introduite dans la salle se penche alors vers le maître et lui explique que son assistant m'a repérée à un stage et m'a demandé de venir.

Sergiu Celibidache acquiesce de la tête. Il me fait alors recommencer seule le début et là, il se retourne vers ses élèves :

– C'est fantastique ce qu'elle fait. Et vous, ajoute-t-il en désignant certains élèves de la main, vous, je vous traîne depuis dix ans !

Il trouvait que j'avais un don, que je possédais naturellement le langage du corps pour pouvoir diriger un orchestre. Évidemment, un don est juste un atout, qui ne remplace pas la somme de travail à effectuer pour devenir un véritable chef.

Il m'a alors intégrée dans son cours, sans omettre de me préciser : « Ici, il faut beaucoup travailler. Or, ce qui manque généralement aux femmes, c'est la persévérance. Dans ma classe, les femmes n'ont jamais tenu plus de quinze jours. » Je me suis tout d'abord dit : « Qu'est-ce que c'est que ce discours machiste ! » Puis j'ai compris que c'était une mise en garde destinée à me faire comprendre que ce serait dur, mais qu'il était prêt à m'accueillir et à m'enseigner l'art de la direction d'orchestre.

J'ai tenu une année entière et j'y serais sans doute restée plus longtemps si le maître n'était pas décédé l'été suivant.

J'avais été l'une des dernières élèves à intégrer sa classe.

Cette année passée avec Sergiu Celibidache a été extrêmement enrichissante et très intense. Une fois qu'il acceptait un élève, le maestro donnait ses cours gratuitement deux à trois fois par semaine. Il nous proposait aussi de l'accompagner en tournée, et je suis ainsi allée en Allemagne avec lui cette année-là. Lorsqu'il s'agissait de transmettre son savoir, il se montrait toujours profondément généreux.

Tous les jeudis et tous les dimanches après-midi, je me rendais chez lui, dans son bel appartement place Victor-Hugo, dans le 16e arrondissement de Paris. Nous étions une petite dizaine d'élèves à ses cours, qui duraient chacun entre deux et trois heures. Quelques-uns y assistaient en tant qu'auditeurs libres, mais la grande majorité, dont j'étais, venait dans le but de devenir un jour chef d'orchestre.

Ces cours revêtaient diverses formes : tantôt il nous faisait étudier des partitions, tantôt il nous racontait des anecdotes de ses répétitions. Ces anecdotes illustraient son discours pédagogique et étaient censées faire prendre conscience aux moins expérimentés d'entre nous de l'importance du travail du chef d'orchestre en répétition, lorsqu'il construit le travail musical et rassemble tous les musiciens pour, au concert, n'en faire qu'une entité. Nous faisions également des séances de gestique afin d'apprendre les figures et codes nécessaires pour diriger. Il se montrait très attentif au poids du bras qui tombe et au rebond qui suit (lorsque le bras remonte) et qui donne toute l'énergie à la musique. Mais plutôt que la battue en tant que telle, c'est-à-dire les mouvements de bras pour diriger l'orchestre, il nous apprenait à faire en sorte que nos gestes restent toujours en relation avec la musique et à ne surtout pas envoyer, avec notre corps, des messages contradictoires aux musiciens.

Par exemple, si l'on se trouve dans une nuance très douce, très *piano*, mais que l'on veut un *accelerando*, un accéléré, tout naturellement le corps va avancer et l'on aura tendance à amplifier ses gestes… ce qui revient à demander à l'orchestre d'élargir le son tout en continuant à rester très *piano*. Les musiciens ne savent plus alors à quoi répondre, car on leur envoie deux messages différents. Lorsqu'on dirige, il est très important d'envoyer des messages clairs. Sergiu Celibidache y était d'autant plus sensible qu'il respectait profondément les musiciens d'orchestre, même s'il était d'une extrême exigence envers eux.

Diriger un orchestre, c'est respecter un code « universel », compréhensible dans n'importe quel pays, afin de pouvoir diriger n'importe quel orchestre. La main droite, qui tient la baguette, est celle qui donne la métrique de la mesure, qui « bat » la mesure, tandis que la main gauche se porte en complémentarité de la main droite en soulignant d'autres aspects plus précis, tels que les nuances, la sensibilité du jeu ou encore les départs donnés aux musiciens. Il y a quelques gestes très précis, par exemple, pour couper l'orchestre en faisant un geste de la main gauche qui se ferme pour signifier l'arrêt du son, ou encore, pour soutenir un son, en avançant cette même main, paume vers le ciel. Mais, en réalité, le métier de chef repose essentiellement sur le lien entre soi et le son. Petit à petit, au fil du temps, on apprend à moins s'occuper de ses mains pour écouter davantage. Aujourd'hui, j'ai pleinement intégré les gestes et je suis attentive et disponible au son à deux cents pour cent, ce qui laisse place à la spontanéité, à la souplesse et à une grande liberté.

Régulièrement, Sergiu Celibidache nous faisait diriger en silence, chacun pour soi. Il donnait le tempo et tout le monde dirigeait mentalement, sans orchestre ni partition. C'est une expérience très intéressante, qui permet de se représenter l'œuvre dans sa tête, d'en écouter le son et d'avoir ainsi, lorsqu'on se retrouve devant l'orchestre, une idée précise de ce que l'on veut entendre.

Par ailleurs, son approche m'intéressait car il mêlait la philosophie, qu'il avait étudiée avec passion, à ses propos sur la musique. Or, cette année-là, j'abordais la philosophie en terminale, et ce qu'il disait faisait écho en moi.

Le maestro était un véritable bourreau de travail. Il délivrait ses cours douze mois sur douze, même le 1er janvier ! Parfois, le dimanche, sa femme pointait le bout de son nez pour nous mettre dehors – il était âgé et les cours le fatiguaient. Elle était obligée de l'interrompre car, pris par sa passion, il ne s'arrêtait pas de lui-même. « Fais ce que tu aimes, ce qui te plaît » était sa devise.

Sa capacité de travail le rendait évidemment très exigeant envers ses élèves. Lorsqu'il nous disait : « Demain, on va diriger telle symphonie », on savait qu'il fallait la connaître par cœur. Pas question de ne pas être prêt ! Je devais travailler toute la nuit et, le lendemain, je croisais les doigts pour ne pas être interrogée sur certains passages que j'estimais difficiles. Cette habitude s'est ancrée en moi : aujourd'hui, je fais en sorte de connaître parfaitement les œuvres afin de les diriger par cœur. Je n'ai pas besoin de la partition, même si je préfère la garder sous les yeux, par précaution.

Pendant les vacances scolaires, nous avions régulièrement une semaine de stage avec lui à la Schola Cantorum, à Paris, avec un orchestre. Les cours étaient publics et deux cents personnes environ y assistaient. Dans ce contexte, Sergiu Celibidache se montrait très différent de ce qu'il était en privé. Comme beaucoup de grandes figures de la direction d'orchestre, il avait un ego surdéveloppé et il aimait parfois faire le spectacle pendant ses cours. Par moments, il pouvait se montrer très dur. Il m'a testée à plusieurs reprises et j'ai connu des moments pénibles, même s'il appréciait ma spontanéité et mes facilités par rapport à d'autres élèves, qui théorisaient beaucoup et que cela paralysait en les empêchant de réagir avec leur cœur. Sergiu Celibidache accordait beaucoup d'importance à la spontanéité. « S'il y a une chose qui ne doit jamais devenir mécanique, c'est ta spontanéité, affirmait-il. Ce qui n'arrivera pas si tu restes toujours à l'écoute et si tu te laisses inspirer par le son. »

Car si, au début, j'ai eu mes moments de « gloire » auprès de lui, il m'a vite considérée au même titre que ses autres élèves et s'est montré tout aussi exigeant.

Généralement, il nous faisait diriger à tour de rôle. Si ce que nous faisions ne lui convenait pas, il nous renvoyait nous asseoir aussi sec ; c'était très frustrant, car nous savions que nous n'allions pas repasser tout de suite devant lui. Donc, lorsqu'il ne disait rien, c'était plutôt bon signe. Mais même là, il pouvait se montrer dur. J'ai le souvenir d'un cours où il m'a fait diriger sans m'interrompre, me donnant un ou deux conseils, mais me laissant continuer le mouvement en entier. Je pensais qu'il était satisfait mais, à la fin, il m'a lancé : « Tu peux mieux faire, va t'asseoir. »

Même si c'était difficile à entendre, je m'estimais relativement satisfaite, en comparaison de certains élèves qui, à peine arrivés sur l'estrade et après avoir dirigé quelques mesures seulement, s'entendaient dire : « Retourne t'asseoir, ta place refroidit » ! Il faisait cela fréquemment. C'était une façon de nous préparer, je pense, à la pression, aux difficultés, voire à la cruauté, parfois, de ce métier.

« Celi », comme nous l'appelions entre nous, était un homme sévère, c'est vrai, mais il était également très sensible et généreux. Une partie de ses élèves, dont j'étais, l'avait accompagné en tournée, en Allemagne, afin d'assister à ses répétitions, à ses concerts et de suivre ses cours. Un soir, il nous réunit dans sa loge pour discuter. Puis, à la fin de l'échange, il me demande de m'approcher. Là, il me tend discrètement un billet de cinquante Deutsche Mark de l'époque, environ trente euros actuels : « Tiens, me dit-il, je veux être sûr que tu manges à ta faim ici. » C'était inattendu de sa part, et son geste, qui pouvait paraître maladroit, n'était pas hautain du tout. Lui-même n'avait pas connu l'aisance dans sa jeunesse, et je crois qu'il avait deviné que me rendre en Allemagne pour le suivre avait constitué un grand sacrifice pour moi. J'avais été également surprise de constater qu'il s'était pris d'affection pour mon père. Il l'avait rencontré quelque temps auparavant, à la sortie d'un cours public. Mon père s'était adressé à lui comme à un professeur de lycée ou de conservatoire, s'enquérant de la qualité de mon travail et, à la fin de l'entretien, me confiant à ses soins. Je crois que l'intérêt qu'il portait à ma réussite musicale avait touché le maître, lui qui avait dû fuir le domicile familial à l'âge de dix-huit ans pour devenir musicien. En effet, son père rêvait pour lui d'une carrière politique et s'était violemment opposé au désir de son fils. Sergiu Celibidache était donc parti de chez lui et, les circonstances de la vie ne s'y prêtant pas, il n'avait jamais revu ses parents avant leur mort.

J'étais très admirative du maestro et je regrette de ne pas l'avoir rencontré lorsque j'étais plus âgée et en possession de davantage de maturité. Parce que je n'avais que dix-sept ans, tout ce qu'il disait ne résonnait pas totalement en moi et donc je mettais de côté les choses que je ne comprenais pas ; je faisais le tri. Quand il me demandait à la fin du cours, moi la dernière arrivée et la plus jeune : « Alors, Zahia ? Tu as des questions à me poser ? », je répondais non. Aujourd'hui, j'aurais des milliers de questions à lui poser ! Et puis j'aimerais qu'il me voie diriger, moi qui étais la petite dernière de sa classe. J'espère qu'il serait fier de moi.

En tout cas, je suis restée fidèle à ses valeurs de respect de la musique et de la pensée du compositeur. Comme lui, j'ai envie de faire ressortir la sensibilité de chaque phrase musicale et de relier chaque note afin de donner une unité au discours musical depuis le début jusqu'à l'extrême fin de l'œuvre.

Car Sergiu Celibidache mettait toujours en avant le compositeur. Pour lui, pas d'interprétation de la part du chef d'orchestre, qui devait se mettre entièrement au service du compositeur et de la transmission de sa pensée. « J'insiste sur l'élimination des réactions personnelles, les ego réactions, disait-il. Pas de place pour ça dans la musique. Ce qu'on appelle interprétation, c'est de l'ignorance. »

Je me retrouve dans cette vision des choses et je considère moi aussi le métier de cette façon, même si je suis plus souple quant à l'apport du chef d'orchestre dans la restitution d'une œuvre musicale. Je pense ainsi que le chef peut être amené à faire des choix et à prendre des décisions qui ne vont pas de soi. Quand il se pose des questions sur certains points, un chef d'orchestre n'a pas la possibilité de s'entretenir avec Schubert ou Tchaïkovski ; or un détail écrit sur la partition peut être remis en cause à notre époque, du fait de l'évolution de la facture des instruments, de celle de la notation musicale ou encore du changement des traditions esthétiques. C'est pourquoi il est fondamental de bien se documenter sur le compositeur, sur son histoire personnelle mais aussi sur la société dans laquelle il évoluait, le contexte historique et les traditions esthétiques de son temps.

De toute façon, on ne joue pas de la même façon Mozart et Stravinski, qui ont presque deux siècles d'écart, ne serait-ce que parce que la facture des instruments a évolué entre-temps. Leur technique de fabrication a changé, ce qui modifie le son obtenu. Le trombone du temps de Mozart était plus petit et d'un alliage moins riche que le trombone du temps de Stravinski. Il sonnait donc différemment, et si l'on veut comprendre les indications portées par les compositeurs, il faut impérativement replacer les instruments dans leur époque. Ensuite, il convient d'adapter les nuances indiquées par le compositeur à la facture actuelle des instruments : un *forte* pour un trombone de Mozart ne ressemble pas au *forte* d'un trombone d'aujourd'hui. Si je veux obtenir l'équivalent d'un *forte* de Mozart, peut-être opterai-je seulement pour un *mezzo forte*. De ce fait, le chef d'orchestre doit faire un choix, prendre un parti pour jouer les œuvres, et cette prise de position peut être alors comprise comme une interprétation. C'est d'ailleurs ce que j'aime aussi dans ce métier : l'appréhension d'une œuvre est une démarche globale, particulièrement intéressante et vivante.

Il n'empêche, quelle que soit son intervention, le chef d'orchestre reste à mes yeux au service de la musique ; ce n'est pas la musique qui se met au service du chef pour valoriser son ego. D'ailleurs, dans certaines œuvres, si l'on respecte bien le texte, tout est dit ; c'est la façon dont je vais faire vivre ce texte qui apportera quelque chose et non l'interprétation personnelle, qui ne fait qu'ajouter une couche supplémentaire, inutile et parfois fantaisiste. Je mets mon énergie, ma vie, ma connaissance au service du compositeur, de son œuvre, et non pas de moi-même. Pour cette raison, je n'écoute généralement pas d'enregistrement de l'œuvre avant de la jouer, afin d'être détachée de toute interprétation et de m'approprier la partition. Seule exception : lorsque je me pose des questions précises sur des indications données par le compositeur. Dans ce cas, je peux écouter les versions de différents chefs d'orchestre pour voir quelles réponses ils ont apportées. Mais, la plupart du temps, je laisse émerger en moi l'idée musicale que je vais défendre sur une œuvre, au plus proche du texte toutefois – et je n'ai jamais été à court d'idées. J'ai tellement envie de transmettre des choses à travers ce métier que je ne suis jamais restée sans savoir quoi dire devant une partition.

Sergiu Celibidache, comme l'altiste Jean-François Bénatar auprès de qui je prendrais des cours l'année suivante, s'occupait d'honorer la musique et de la servir en dehors de tout enjeu commercial. Ces deux hommes, aujourd'hui disparus, avaient un rapport sincère à la musique, qu'ils m'ont transmis. C'est pourquoi, en tant que musicienne, j'ai toujours fait des choix fondés sur des arguments artistiques, et non pas dictés par la seule logique financière ou commerciale. Et aujourd'hui, en tant que directrice musicale de l'Orchestre symphonique Divertimento, je conduis également mes projets suivant cette ligne de pensée.

Je me refuse, par exemple, à réduire le nombre de répétitions que j'estime nécessaires pour un concert. Il faut savoir qu'une répétition revient très cher, et il peut être tentant, surtout en cette période de crise, qui touche aussi le milieu artistique, d'économiser plusieurs milliers d'euros par répétition supprimée. C'est une solution de facilité que je récuse. Or il n'est pas rare dans ce milieu de voir une seule répétition, ou deux, avant le concert, y compris pour des œuvres difficiles. Cela peut d'ailleurs arranger certains chefs qui, prétextant le peu de temps de préparation, évitent ainsi d'être jugés sur la précision de leur travail. Cela existe, et plus qu'on ne pense. Récemment, un musicien m'a avoué que s'il avait joué des dizaines de fois *L'Apprenti sorcier* de Paul Dukas dans d'autres orchestres, c'était la première fois, sous ma direction, qu'il travaillait véritablement l'œuvre !

L'été 1996, quelques semaines après l'obtention de mon bac littéraire, en plein cœur d'un mois d'août radieux, Sergiu Celibidache mourait. J'avais eu la chance fabuleuse, l'extrême privilège, d'apprendre avec lui la direction d'orchestre. Ce temps d'apprentissage m'a semblé trop court, bien sûr, mais son intensité m'a beaucoup appris. De plus, la notoriété de son nom m'a, il est vrai, parfois aidée. Lorsque je disais que j'avais étudié avec Sergiu Celibidache, cela signifiait que je possédais certaines qualités, ce que je pense pouvoir affirmer maintenant, en toute humilité. J'ai beaucoup travaillé pour développer ces qualités et affiner mon art de diriger un orchestre, grâce aux précieux conseils de mon professeur. Certains l'ont parfois traité de gourou, car son influence sur ses élèves était très forte. Mais, en réalité, ce sont souvent ses élèves eux-mêmes qui créaient cette image, tant leur admiration se transformait, pour certains, en dévotion. Après le décès du maestro, j'ai été surprise de constater que très peu des élèves de la classe ont continué à diriger, comme si, sans lui, plus rien n'était possible.

Pour ma part, je ne me prétends pas son héritière, mais son enseignement continue de nourrir ma construction en tant que chef d'orchestre. Et je retiens, des nombreux mois passés à ses côtés, cette certitude : l'art de la direction d'orchestre ne s'apprend jamais complètement. C'est un apprentissage qui dure toute une vie et ne connaît pas de fin.

6

Le chef d'orchestre

Je m'en aperçois maintenant, avec le recul : consciemment ou inconsciemment, je me préparais au métier de chef depuis longtemps. Même simple altiste au sein d'un orchestre, je *pensais* déjà comme un chef d'orchestre : je regardais les autres musiciens, je leur posais des questions sur la technique de leur instrument et j'écoutais systématiquement la symphonie dans son intégralité avant de la jouer. En outre, je ne me contentais pas de la partition pour mon seul instrument, j'achetais le conducteur d'orchestre. D'ailleurs, je conseille toujours aux musiciens d'écouter l'œuvre en entier, car il est très important d'avoir une vision d'ensemble et non pas celle, parcellaire, de sa seule partie. En réalité, un bon musicien devrait avoir une démarche globale proche de celle du chef d'orchestre. C'est assez rarement le cas, malheureusement, et c'est regrettable.

Car, dans toute œuvre, il y a un cheminement. Celui-ci est parfois lié à une histoire, comme dans les poèmes symphoniques tels que *Till l'Espiègle* de Richard Strauss, *Roméo et Juliette* de Piotr I. Tchaïkovski ou encore *L'Apprenti sorcier* de Paul Dukas. Avant d'entamer le travail, je prends soin de raconter l'argument aux musiciens en leur précisant à quelle action de l'histoire correspond telle partie de l'œuvre. Cette connaissance est indispensable, à mon sens, pour retranscrire le climat voulu par le compositeur. Prenons l'exemple de *Roméo et Juliette*, célèbre et tragique histoire d'amour entre un jeune homme et une jeune fille. Leur rencontre, leurs moments d'amour, les scènes de conflit, puis la mort de Juliette et celle de Roméo qui ne peut lui survivre. Tout au long des différentes étapes de l'œuvre de Tchaïkovski, j'entends leur histoire en musique. Et parce que j'ai cette représentation en tête, je peux être en phase avec les atmosphères, les sensations et, par conséquent, les transmettre au public.

Le cheminement de l'œuvre est aussi structurel. La façon dont est construite une symphonie m'indique un certain chemin tracé par le compositeur. Cela peut être par exemple un premier thème, suivi d'un deuxième, puis le premier thème qui revient enrichi, etc. Un peu à la façon d'une dissertation qui comprend une introduction, un développement et une conclusion, l'œuvre comporte différentes phases, avec pour chacune une ambiance particulière qui se dégage.

Bien sûr, au début, je mettais des heures à déchiffrer une page de partition. Mais aujourd'hui je les lis comme je lirais un livre et, au fur et à mesure de ma lecture verticale simultanée (pour lire tous les instruments en même temps) et horizontale (la musique défile dans le temps, mesure après mesure), j'entends les sons dans ma tête. Lorsque je regarde un conducteur d'orchestre, j'ai toujours ce sentiment étonnant de lire plusieurs langues à la fois, selon la façon dont le compositeur a écrit sa partition : « les cors en *fa* », « les clarinettes en *si* bémol », « les trompettes en *ré* »...

À l'origine, un chef d'orchestre est instrumentiste, et il le reste parfois. D'ailleurs, historiquement, le chef d'orchestre n'existait pas en tant que tel, c'était le premier violon qui dirigeait avec son archet tout en jouant et qui officiait comme « maître de musique ». Ensuite, au milieu du XIXe siècle, lorsque les orchestres se sont agrandis, il a fallu quelqu'un dont l'unique fonction consistait à unifier les musiciens. Le métier de chef d'orchestre était né. Depuis lors, les chefs ont gardé l'habitude de serrer la main au premier violon avant chaque concert, ce qui revient à saluer l'ensemble des musiciens, car c'est lui qui traditionnellement représente l'orchestre dans son entier.

Être altiste demeure important pour moi, et je continue à jouer régulièrement, en musique de chambre notamment. Car un chef d'orchestre n'a pas de contact direct avec la production du son d'un instrument. Certes, d'un geste de la main, j'ai le pouvoir de commander la musique, de faire ou de défaire le silence. Mais je n'ai rien entre les mains, aucun instrument, si ce n'est ma baguette. De la même façon, un chef n'est rien sans un orchestre : diriger seule devant son miroir, comme je le faisais lorsque j'étais adolescente, n'a aucun sens ! Ce métier est à la fois euphorisant, parce que l'on peut créer sa propre musique selon ses pensées, et en même temps très frustrant, car ce n'est pas le chef d'orchestre qui tire l'archet ou qui souffle dans le trombone.

Le contact direct avec l'instrument m'est indispensable, c'est pour cela que je continue à jouer de l'alto (pour lequel j'ai obtenu en 2001 le premier prix de la Ville de Paris).

Par ailleurs, cela me confère une certaine crédibilité auprès des musiciens, car je dispose de connaissances précises sur les différentes techniques des instruments à cordes, la famille la plus largement représentée dans un orchestre. J'en maîtrise les particularités et je peux donc demander aux musiciens des détails spécifiques en toute connaissance de cause.

Dans un autre registre, être altiste m'aide dans mon travail pédagogique avec les élèves du conservatoire ; en classe d'orchestre, je ne vais pas demander, par exemple, à un jeune violoniste de « jouer mystérieux », ce qui ne voudra rien dire pour lui, mais je vais plutôt lui donner des indications techniques précises pour obtenir l'effet « mystérieux » souhaité.

Avoir pratiqué l'alto, enfin, m'a permis de comprendre la logique des musiciens et de ressentir, en tant qu'instrumentiste au cœur de l'orchestre, comment est perçue l'autorité d'un chef. Je la conçois, pour ma part, comme une autorité certes forte et affirmée, mais bienveillante et saine ; je réfute celle de certains chefs qui se comportent comme des dictateurs en puissance. Quand j'étais instrumentiste, j'en ai vu beaucoup ne pas saluer les musiciens, ne pas les regarder dans les yeux, mal leur parler et mal se comporter avec eux. Ce genre de chef, qui établit un rapport de puissance malsain et inapproprié, qui peste quand ça ne va pas, sans avoir jamais un seul mot d'encouragement, est aux antipodes de ma définition du métier.

Pour moi, le chef d'orchestre doit assumer le fait de donner des consignes, des ordres : il doit avoir de l'autorité, car il conduit le groupe, mais une autorité saine. Il est peut-être le capitaine à bord, mais les musiciens doivent ressentir une certaine sérénité et avoir confiance en lui, afin de donner le meilleur d'eux-mêmes. C'est la condition *sine qua non* pour que tout le monde travaille dans un climat de confiance et d'une façon constructive. D'ailleurs, quand le chef d'orchestre respecte ses musiciens, ceux-ci le lui rendent bien.

Je suis un fervent défenseur d'une vision un peu nouvelle du métier, où les rapports humains sont plus sains, mais sans angélisme pour autant ! Rien n'est simple, car l'orchestre est une microsociété. Et, comme dans tous les groupes, certaines personnes ont de la difficulté à s'intégrer, à vivre en collectivité, ou se montrent rétives à l'autorité. Il faut composer avec elles et parvenir malgré tout à créer une harmonie.

L'harmonie : voilà ce que le chef doit chercher en conservant un équilibre entre les instruments, tout en respectant la place de chacun. Car un orchestre est un groupe très hiérarchisé réunissant plusieurs familles d'instruments : les cordes (premiers violons, deuxièmes violons, altos, violoncelles, contrebasses et parfois harpe), les vents (flûtes, hautbois, clarinettes, bassons et parfois saxophones pour les bois ; cors, trompette, trombone et tuba pour les cuivres) et les percussions (timbales, xylophone, grosse caisse, cymbales, triangle, caisse claire…). À l'intérieur de chacune de ces familles, il existe des sous-groupes, appelés pupitres : celui des premiers violons, par exemple. Et chacun d'eux compte un chef de pupitre, qui est toujours un musicien dont le tempérament et le rôle sont ceux d'un soliste. Les flûtes, les bassons, les violoncelles, les altos, etc., tous ont leur chef, dont la fonction est de conduire les instruments placés sous sa responsabilité, en gérant par exemple leurs entrées au bon moment. Ces chefs de pupitre, différents des autres musiciens dits « de rang » ou « tuttistes », sont une aide précieuse au chef d'orchestre. Lorsqu'un soliste joue et qu'il faut gérer plusieurs entrées de plusieurs instruments en même temps, je ne peux pas être partout : le rôle des chefs de pupitre est alors primordial.

Dans un orchestre, chacun a ainsi une fonction précise et occupe une place différente, ne serait-ce que d'un point de vue géographique : les cordes se situent devant tandis que les cuivres, à cause de leur puissance, sont installés dans le fond. Cette configuration oblige le chef d'orchestre à prendre en compte certains paramètres, comme la vitesse du son. Je suis la seule à avoir une position centrale dans l'orchestre, et tout le son converge vers moi. Je reçois donc la globalité de ce qui se produit, tout en distinguant les sons individuels de chaque musicien (on me demande souvent si, lorsqu'un musicien se trompe dans l'orchestre, je peux savoir exactement de qui il s'agit. Bien sûr, c'est ce qui permet la correction fine du travail de chacun).

Suivant l'acoustique de la salle et du fait de leur éloignement sur scène, je peux, par exemple, être amenée à demander aux cuivres de démarrer avant les autres pour que leurs notes arrivent au même moment que celles du reste de l'orchestre.

Une chose est sûre pour moi : il n'y a pas l'orchestre d'un côté et le chef d'orchestre de l'autre. C'est un collectif.

C'est pourquoi je me sens proche de ces chefs, capables d'une certaine humilité, qui mêlent l'exigence musicale au respect des musiciens. Je pense ainsi à Riccardo Muti et à Bernard Haitink pour l'attention et l'écoute qu'ils portent à l'orchestre, ou encore à Sergiu Celibidache pour son rapport authentique à la musique et pour sa musicalité. Ces chefs entretiennent tous une vraie relation avec les musiciens. En revanche, je me sens beaucoup plus éloignée de certains autres, que j'ai pu voir entrer sur scène à la manière de stars, sans un regard pour les musiciens ni pour le public, et dont l'attitude m'a paru hautaine, voire méprisante. Personnellement, je ne fais pas de grands gestes exubérants, car diriger n'est pas un concours de gymnastique. Certains gesticulent beaucoup et se donnent en spectacle, mais moi, je ne trouve pas cela indispensable. Pour diriger, il suffit d'être compris de ses musiciens et de savoir leur transmettre l'énergie nécessaire. Je ne suis pas statique pour autant, ni timide, mais je ne fais pas de sauts, comme certains.

En revanche, j'accorde une grande importance au regard, en faisant très attention à m'adresser autant aux musiciens du premier pupitre, juste devant moi, qu'à ceux du fond, qui doivent se sentir aussi impliqués que les précédents. Et, selon le passage de l'œuvre, mon regard se modifie. Il se fait sérieux dans les moments périlleux réclamant beaucoup d'attention, ou joyeux dans les moments détendus (je peux même alors appuyer un regard de confiance d'un sourire). Le regard est capital pour insuffler la vie et l'énergie indispensables au bon déroulement du concert. Par exemple, avant l'entrée du premier hautbois, je le regarde et je respire physiquement avec lui.

En réalité, plus que le geste, c'est le langage du corps et mon regard qui marquent ma façon de diriger. C'est de l'énergie que je donne pour en recevoir en retour.

Car la musique est un partage et, surtout, un échange. J'ai compris cela au fil de mon parcours, moi qui ai dû parfois lutter contre ma nature réservée et introvertie. Lorsque j'étais plus jeune, mon père disait à ma mère : « Je me fais du souci pour Zahia. Elle pourrait être sur une île déserte avec ses partitions, cela lui suffirait. » C'est vrai. À l'époque, je ne vivais qu'à travers la musique, en vase clos, fermée sur moi-même, face à mes partitions. Mon père avait raison de se montrer inquiet : entendre la musique dans ma tête comme je le faisais à ce moment-là, en lisant partition sur partition, risquait de m'enfermer dans une relation solitaire avec moi-même. Heureusement, auprès du maestro Sergiu Celibidache, j'ai vite découvert que la musique n'est jamais figée, mais toujours vivante.

J'allais aussi en prendre réellement conscience lors de mes premiers concerts publics.

7

Premier concert… et premiers talons

L'année de mes dix-sept ans fut aussi celle de mon premier « grand » concert public en tant que chef d'orchestre. J'avais quitté mon lycée de Pantin pour intégrer l'un des rares endroits à Paris offrant aux musiciens la possibilité de concilier programme scolaire et pratique musicale intensive : le lycée Racine, situé dans le 8e arrondissement de Paris. Les places y sont très chères, et il est particulièrement difficile d'intégrer ce lycée pour la terminale. De cette rentrée scolaire en horaires aménagés, je me souviens surtout d'avoir raté un concert donné en septembre par Sergiu Celibidache. Celui-ci dirigeait la *Symphonie n° 9* de Bruckner avec l'Orchestre philharmonique de Munich. Une dérogation qui me permettrait de manquer les premiers jours de cours pour me rendre en Allemagne était inenvisageable. Cela angoissait trop mes parents, qui craignaient que je ne sois plus acceptée. Or Celibidache était déjà très affaibli et cela fut l'un de ses derniers grands concerts à la tête d'une formation symphonique importante. Ne pas y avoir assisté reste un de mes plus grands regrets.

Toujours est-il que j'entre au lycée Racine cette année-là et que, alors que je ne m'y attendais pas, je découvre un monde totalement différent du mien. Dans ma classe, certains élèves issus d'un milieu social aisé vouvoyaient leurs parents… C'était un tout autre univers que celui que je connaissais à Pantin où, les jours de marché, on pouvait se croire à Bamako ou à Alger. Et pourtant, les deux environnements se trouvent à une demi-heure de métro l'un de l'autre ; tant de différence à si peu de kilomètres de distance m'avait quelque peu déroutée.

L'aisance financière de la majorité des élèves était perceptible. Tous possédaient leur propre instrument, de grande valeur, alors que, pour ma part, je louais encore le mien, un alto d'études, au conservatoire de Pantin.

Nous avions cours de 8 heures à 13 heures tous les matins. Cela constituait de lourdes matinées et, de ce fait, les élèves étaient autorisés à grignoter en classe, ce que j'avais trouvé hallucinant ! Hallucinante également l'insolence de certains élèves envers les professeurs, qui enseignaient à des classes très chargées, beaucoup plus chargées que toutes celles que j'avais connues jusque-là. Contrairement à ce que l'on pense généralement, les règles étaient beaucoup moins strictes qu'au lycée de Pantin, où les élèves ne se seraient jamais comportés d'une façon aussi désinvolte à l'égard de leurs enseignants.

De plus, la diversité culturelle à laquelle nous étions habituées à Pantin n'était plus du tout représentée dans ce lycée, où Fettouma et moi devions être les seules représentantes d'une communauté d'Afrique du Nord. Je me rappelle d'ailleurs avoir été confrontée assez brutalement aux idées reçues concernant notamment notre appartenance à la Seine-Saint-Denis, à la « banlieue », et que cela m'avait fortement marquée.

Quand on habite en banlieue, on n'échappe pas à cette fatalité : « Tu t'appelles Zahia et si tu n'y arrives pas, c'est normal. » J'avais l'impression qu'on nous renvoyait cette image en permanence. Ainsi, que ma sœur et moi puissions être parmi les plus brillantes de la classe en sortant d'un lycée de banlieue était de l'ordre de l'inimaginable.

Je me souviens d'une scène en particulier. Un professeur, s'étonnant de nos connaissances scientifiques dans une classe littéraire, nous demande :

– Mais où avez-vous appris tout ça ? À Henri-IV ? À Louis-le-Grand ?

Pour elle, il était évident que nous sortions d'un prestigieux lycée parisien.

– Ni l'un ni l'autre. Nous venons du lycée Marcelin-Berthelot, à Pantin.

Comment oublier sa réplique, cinglante et tellement révélatrice :

– Ça alors ! Pourtant, Pantin c'est bien dans le 93, non ?

Que peut-on répondre à cela ?

Je me souviens aussi d'une autre anecdote, qui m'est restée longtemps sur le cœur. Une enseignante nous avait prises en grippe, Fettouma et moi, parce que nous venions de Seine-Saint-Denis. Elle nous avait fait comprendre que nous ne pouvions nous autoriser le moindre faux pas. Je me rappelle que, dans son cours, des garçons faisaient régulièrement les idiots. Un jour, l'un d'entre eux a fait preuve d'insolence, mais d'une façon si drôle que j'ai ri. Eh bien, au lieu de punir le fauteur de troubles, c'est moi qu'elle a mise dehors ! J'ai trouvé ça très injuste et m'en suis ouverte à mes parents, qui ont pris rendez-vous avec elle pour en discuter. Le pire, c'est qu'elle leur a alors assuré que ma sœur et moi n'aurions jamais notre bac ! Dire une chose pareille à mon père, pour qui la réussite scolaire était chose sacrée… Je lui en ai beaucoup voulu.

En revanche, d'un point de vue musical, l'année passée à Racine m'a donné une sacrée claque. Jusque-là, au conservatoire de Pantin, j'étais parmi les meilleurs, comme altiste, et je me reposais un peu sur mes lauriers. Là, j'arrivais dans un endroit où les musiciens étaient tous très bons (certains d'entre eux avaient déjà intégré le Conservatoire national supérieur de musique de Paris). Cette qualité d'environnement musical m'a motivée et aidée à passer à la vitesse supérieure dans la pratique de mon instrument.

Et puis Racine reste également lié à mon tout premier concert public, en avril 1996, comme chef d'orchestre : le scherzo de la *Symphonie n° 2* de Brahms. Le concert était donné par l'orchestre du lycée, qui comptait une quarantaine de musiciens ayant tous peu ou prou le même âge que moi. Je dirigeais certaines œuvres, en alternance avec un autre chef d'orchestre, un garçon. La situation n'était d'ailleurs pas très confortable car deux clans s'étaient aussitôt formés : le clan des filles, qui me soutenaient lorsque c'était moi qui dirigeais, et celui des garçons, qui soutenaient leur camarade lorsque c'était son tour. En outre, bon nombre de garçons vivaient mal d'être dirigés par une fille, du même âge qui plus est, car nous avions tous dix-sept ans. Aussi, ma première expérience de direction ne s'est pas faite dans des conditions simples, des répétitions, en commun, jusqu'au concert.

Une fille chef? J'étais prévenue, je savais que ce ne serait pas facile. Cela ne m'a donc pas surprise. Durant les répétitions, certains garçons, dans les pupitres des cuivres, jouaient volontairement de façon dure et parfois agressive, produisant un son plus adapté à du Stravinski qu'à l'œuvre que nous travaillions. J'ai dû user de patience, et parfois même me fâcher, pour arriver à un son proche de celui que je souhaitais pour du Brahms, c'est-à-dire un son plutôt dense et timbré. Mais finalement, avec de la persévérance, je suis arrivée à obtenir à peu près ce que je voulais.

Quelques jours avant le concert, à la prestigieuse salle Gaveau, à Paris, je me suis mise en quête d'un costume de scène. Mon premier costume. Je suis allée avec mes parents chez Marks and Spencer, avenue de l'Opéra, ce fabuleux magasin anglais aujourd'hui fermé. Mes parents étaient enthousiastes, moi aussi. C'était mon premier concert et l'euphorie des préparatifs me faisait oublier toutes les difficultés. Après avoir envisagé plusieurs tenues, j'ai finalement opté pour un pantalon noir et une veste longue à col Mao noire également, sorte de pendant aux queues-de-pie des hommes. Et je me suis acheté des talons, pas très hauts, mais c'étaient mes premières chaussures de « dame ». D'ailleurs, je les ai gardées longtemps, par attachement sentimental.

Aujourd'hui, j'ai beaucoup moins le trac en concert, mais ce jour-là, j'ai éprouvé une peur folle ! J'ai un souvenir très précis de mon état de stress, lié au mal que j'avais eu tout au long des répétitions à asseoir mon autorité (et parce que j'étais une femme, cela resterait une des grandes difficultés de ma carrière). Je me disais que les musiciens et le public m'attendaient au tournant et que tout compterait : la façon dont j'entrerais sur scène, dont je saluerais, les mouvements que je ferais. Je pensais avec effroi que le moindre de mes gestes serait épié.

Durant ce premier concert, par peur et par manque d'expérience, j'ai davantage pensé à ma gestique qu'à la musique. Aujourd'hui, je ne prête quasiment plus attention à mes gestes. Je suis entièrement disponible pour l'écoute et je ne me préoccupe pas de savoir comment je vais articuler chaque geste. Mes bras se « connectent » naturellement à mon esprit pour transcrire une gestique que j'estime à même d'illustrer mes intentions musicales. Mais à l'époque, je débutais dans le métier, tout était nouveau et je manquais évidemment d'expérience.

Finalement, ce fut un beau concert. La salle Gaveau, qui comptait de six cents à sept cents places, était pleine. Cela restera pour moi un moment marquant (beaucoup de gens de mon entourage, ma famille, mes amis étaient venus me voir) et un très beau souvenir, même si le concert a filé à toute allure sans que j'aie eu l'impression de maîtriser grand-chose. Car tout va très vite en musique, le temps se compte en secondes et même en millièmes de seconde. Ce rapport au temps est très particulier : il n'est pas le même lorsqu'on dirige que dans la vie « de tous les jours » ! Quand je suis au pupitre, une seconde me paraît un moment long et mes temps de réaction sont, eux, très, très courts. Ainsi, lorsque je dirige un concerto dans lequel un soliste joue un enchaînement de notes très rapide, je dois m'adapter à son rythme et coordonner les musiciens pour qu'ils jouent sur une note bien précise. Pile sur cette note-là, pas sur celle d'avant, ni sur celle d'après.

À mes débuts, en sortant de mes premiers concerts et a fortiori de ce tout premier à Gaveau, j'avais l'impression d'avoir traversé un moment où il s'était passé une multitude de choses, certaines maîtrisées, d'autres moins. Puis j'ai gagné en expérience, et j'ai coordonné de mieux en mieux tous les actes qu'un chef d'orchestre doit accomplir : l'écoute, la gestique, les départs donnés aux musiciens, les regards au soliste, la lecture verticale et horizontale de la partition... J'ai pris davantage conscience de tous ces actes et, aujourd'hui, j'arrive à gérer ce temps, cette heure et demie passée sur scène. Je vis désormais tous ces moments dans leur intégralité, en les comprenant pleinement, en étant capable de relier chaque seconde de musique à l'autre, tout en conservant une vision globale de l'œuvre. À présent, à la fin d'un concert, j'ai l'impression d'avoir vécu toute l'œuvre en l'ayant, la plupart du temps, pleinement maîtrisée.

Dès cette première représentation publique, j'ai senti que la scène serait l'endroit où je me sentirais le mieux. J'aime déjà l'avant-concert, lorsque tout le monde se prépare dans les coulisses, quand les filles se maquillent et que les garçons enfilent leur costume. En tant que chef, j'ai ma propre loge, mais je connais cette atmosphère pour l'avoir vécue et pour la vivre encore en tant qu'altiste lorsque je donne des concerts en musique de chambre. Tous, on se fait beau, on se prépare pour un événement particulier : on va honorer une musique, un compositeur et le public. Cela ressemble un peu aux préparatifs d'une fête ou d'un mariage. L'ambiance d'avant-concert est toujours particulière, parfois gaie, parfois tendue. J'aime aussi sentir la présence des spectateurs, même si je leur tourne le dos. D'ailleurs, lorsque je dirige, j'ai beaucoup moins le trac, justement parce que le public se trouve dans mon dos. Je suis face à mes musiciens qui ont, eux, le regard du public, mais moi, je suis préservée de cette confrontation. Cela me permet de transmettre une certaine sérénité à l'orchestre. Évidemment, cela me m'absout pas de mes responsabilités et j'ai pleinement conscience que la réussite de la soirée repose entre mes mains : si je ne fais pas bien mon travail, tout ce pour quoi les musiciens et le public se trouvent là peut être gâché.

Mon premier souci concerne l'adaptation à la salle. L'acoustique étant différente dans chaque lieu de concert, je dois chaque fois en tenir compte. D'ailleurs, j'aime être ainsi confrontée à l'inconnu, au changement. Il peut m'arriver, en raccord avant un concert (on appelle « raccord » la courte répétition précédant un concert destinée à régler les derniers détails) dans une salle que je ne connais pas, de demander aux cordes d'allonger l'archet, de jouer, parce que je ne les entends pas, qu'elles ne me paraissent pas ressortir assez. Je laisse alors l'orchestre jouer quelques mesures sans moi pour me rendre à la place du public, et là, je constate que le rendu sonore est très différent de celui que j'entends sur scène. Non seulement les cordes ressortent très bien mais elles sont même trop présentes par rapport aux bois et au soliste ! Tous ces paramètres, je dois les prendre en compte, et j'aime d'ailleurs gérer ces aspects toujours différents. Rien n'est acquis une fois pour toutes.

Ainsi, pour une même œuvre, selon le type de salle, je peux être amenée à choisir un tempo différent, c'est-à-dire une vitesse d'exécution plus ou moins rapide, et apporter une énergie différente à l'œuvre. Dans un endroit où l'acoustique est très sèche, par exemple avec de la moquette au sol, le son est comme étouffé : il ne vit pas. On dit alors, dans le milieu musical, qu'il « tombe sur les pieds ». Dans ce type de salle, si j'adopte un tempo trop lent, les sons vont manquer de richesse, de densité et de consistance. Le résultat ne sera pas concluant. En revanche, si je dirige dans une église, où il y a beaucoup de réverbération et où le son tourne beaucoup, je vais être obligée de ralentir le tempo. Car si je joue trop vite, tous les sons vont se mélanger et cela deviendra rapidement incompréhensible. Dans ces conditions, il faut non seulement jouer plus lentement, mais je vais également donner des recommandations aux musiciens pour qu'ils changent leur mode de jeu, de façon à obtenir des sons plus définis et, par conséquent, un discours musical plus compréhensible.

Évidemment, l'idéal serait de pouvoir répéter au moins deux ou trois fois dans chaque lieu de concert afin d'en prendre possession et d'en mesurer mieux l'acoustique. Malheureusement, ce n'est pas toujours possible et, parfois, il faut s'adapter *in situ*, le jour même du concert.

Tout cela, je le devinais tout juste lors de ce premier concert mais, déjà, j'étais fascinée par la recherche constante et toujours différente d'une « alchimie » au sein de l'orchestre et d'un équilibre entre les différents instruments.

8

Un géant aux pieds d'argile

« Quand bien même tu serais une très bonne chef d'orchestre, il faut que tu saches que ce sera très dur. »

Moins maladroit que le jeune chef qui m'avait autrefois renvoyée si sèchement à mon pupitre d'altiste, Jean-François Bénatar ne m'a pas vraiment encouragée au début. Lui-même, altiste reconnu « sur la place de Paris », connaissait suffisamment le milieu pour m'en parler en connaissance de cause. « Qu'une femme soit chef d'orchestre n'est pas entré dans les mœurs, me disait-il. En outre, il faut savoir que des paramètres non musicaux interviennent dans ce métier, comme le fait d'avoir un bon agent ou d'être capable d'élaborer des stratégies de type politique ou économique. »

Je le remercie aujourd'hui de la lucidité avec laquelle il m'a parlé, car cela m'a ouvert les yeux sur le milieu de la musique : un milieu très dur, très exigeant, dominé par la compétition et où les relations humaines sincères sont rares.

Être une femme dans le milieu masculin des chefs d'orchestre relève, il est vrai, du défi. Car ces messieurs occupent tout l'espace, laissant peu de place aux femmes, déjà notamment dans le répertoire classique et romantique, le répertoire symphonique par excellence (Mozart, Brahms, Debussy, Beethoven...). Actuellement, les femmes chefs d'orchestre s'illustrent essentiellement dans des répertoires de musique baroque et contemporaine ou dans les œuvres pour enfants. De très beaux répertoires bien sûr, mais pourquoi ne voit-on pas de femme diriger une symphonie de Brahms à la tête d'orchestres prestigieux de niveau européen ou mondial ?

Je me souviens d'une anecdote qui illustre bien ce cloisonnement et la façon dont chacun se trouve rapidement « rangé » dans un répertoire précis. Claire Gibault, la seule chef d'orchestre française à s'être distinguée à un haut niveau, m'avait vue diriger à mes débuts et m'avait encouragée. Un jour, j'ai été contactée, à sa demande, par la production d'un prestigieux théâtre parisien. Les services de ce grand théâtre souhaitaient me rencontrer afin de me proposer le poste de chef d'orchestre assistante de Claire Gibault pour la création de l'opéra pour enfants *Peter Pan*, de Patrick Burgan. L'entretien s'était relativement bien passé, malgré certaines remarques que j'avais trouvées désagréables de la part de la personne chargée du recrutement. Elle m'avait clairement expliqué que si ce théâtre me recrutait, je devrais impérativement assister aux répétitions plusieurs mois durant, afin de voir comment il « fallait » travailler. Je lui avais alors répondu que, si j'avais bien compris, il ne s'agissait pas d'un stage mais d'une production d'opéra à laquelle je devais collaborer en tant que chef d'orchestre munie d'une expérience de travail dans des productions scéniques avec des solistes et des chanteurs. Lorsque je lui avais cité les noms des solistes avec lesquels j'avais travaillé (Raphaël Pidoux au violoncelle ou Sophie Koch au chant, deux solistes de renom, pour ne citer qu'eux!), elle m'avait rétorqué : « Attention, nos solistes, ici, sont d'un tout autre niveau! » Je pense que Raphaël Pidoux et Sophie Koch apprécieront. Bref, à la fin de cet entretien pénible, lors duquel la difficulté de se faire une place dans le milieu musical m'a frappée de plein fouet, on m'avait tout de même donné la partition ainsi que le planning des répétitions, en me faisant comprendre qu'il me faudrait être disponible exclusivement pendant plusieurs mois.

J'ai attendu quelques jours leur réponse, sans trop savoir comment me situer par rapport à cette exigence.

Je n'ai finalement pas été retenue pour la raison suivante : selon eux, j'étais essentiellement spécialisée dans le répertoire du XIXe et du XXe siècle et pas assez dans le répertoire contemporain. On ne m'a pas tout à fait fermé la porte, en m'assurant que je serais certainement invitée, plus tard, à collaborer dans ce répertoire… chose qui, d'ailleurs, ne s'est jamais produite.

Ce qui est d'autant plus idiot, ou amusant, je ne sais pas, c'est que j'ai ensuite eu l'occasion de travailler avec Patrick Burgan sur une autre création, *Exercices de style*, pour laquelle je dirigeais l'ensemble instrumental Densité 93 et l'ensemble vocal Soli-Tutti. Il a été très heureux de mon travail et nous nous apprécions beaucoup.

Cet exemple montre combien les répertoires sont cloisonnés. On vous range dans une case et on ne veut pas vous en faire sortir. Cela arrange tout le monde. Or, si je dirige aujourd'hui également beaucoup de musique contemporaine, je refuse d'en faire une spécialité ou que cela devienne l'essentiel de mon activité artistique. Car les autres répertoires, romantiques et post-romantiques, sont mes répertoires de prédilection tout comme ceux de beaucoup de chefs d'orchestre qui souhaitent garder le monopole sur ces œuvres.

J'ai pu ainsi constater à quel point tout ce que Jean-François Bénatar m'avait expliqué à l'époque était vrai. Être une femme, jeune de surcroît pour un chef, n'est pas le profil idéal : il faut donc savoir que l'on sera jugée plus rigoureusement que les autres. Il ne faut toutefois jamais se décourager. En octobre 2010, je vais diriger l'Orchestre régional de Cannes-Provence-Alpes-Côte d'Azur pour un concert, autour d'un véritable répertoire symphonique (la symphonie *Italienne*, de Mendelssohn, une *Ouverture dans le style italien* de

Schubert, *La Havanaise* ainsi que l'*Introduction* et le *Rondo capriccioso* de Saint-Saëns, et les *Airs bohémiens* de Pablo de Sarasate), en ayant pour soliste le célèbre violoniste albanais, Tedi Papavrami. Que l'on confie la direction d'un orchestre symphonique de cinquante musiciens appartenant aux institutions musicales françaises les plus reconnues à une femme chef prouve, heureusement, qu'un certain changement s'opère.

Comme Rosine Chabrun et comme Sergiu Celibidache, Jean-François Bénétar fait partie des « belles personnes » qui ont jalonné ma vie. Professeur d'alto au conservatoire du 12e arrondissement de Paris, il se montrait d'une grande exigence à l'égard de ses élèves. Lorsque j'ai intégré son cours, l'année de mes dix-huit ans, je n'avais que cinq ans d'alto derrière moi. Certes, j'avais avancé rapidement dans la pratique de l'instrument, mais je restais néanmoins à un niveau assez modeste. Avec Cécile, mon précédent professeur, les relations étaient décontractées : je la tutoyais, et si un jour je n'avais pas eu le temps de travailler suffisamment, elle ne m'en tenait pas rigueur. Chez Jean-François Bénatar, pas question du moindre relâchement ; nous avions des programmes lourds à travailler tous les jours (exercices techniques, gammes, œuvres du répertoire...). À cette époque, les exigences étaient telles que personne n'aurait osé se présenter devant un professeur sans avoir travaillé au préalable. Cela serait passé pour de l'insolence car, à ce niveau d'études, ni le professeur ni l'élève n'ont de temps à perdre.

Jean-François Bénatar possédait un grand charisme. Je le vouvoyais, bien sûr, et il m'impressionnait tellement au début que j'osais à peine le regarder dans les yeux (j'étais loin d'imaginer que, quelques années plus tard, il se produirait comme soliste au sein de mon propre orchestre et que, plus tard encore, sa femme enseignerait l'alto à l'École de musique de Stains !).

Miracle du hasard, il avait été altiste dans l'orchestre de l'ORTF, du temps où il était dirigé par Sergiu Celibidache, et il partageait avec lui certaines conceptions musicales. Très vite, ce qu'il disait a fait écho en moi, concrétisant les principes appris chez le maestro. Pour lui, un musicien n'était pas un ouvrier virtuose qui enchaînait les notes en bon artisan, mais un artiste qui donnait un sens à la partition et rendait sensible la musique. Il n'envisageait pas qu'un élève n'ait aucune opinion sur l'œuvre qu'il jouait et il attendait de moi que j'argumente mes choix musicaux. Ainsi, Jean-François Bénatar prolongeait ce que j'avais entamé avec le maître et, parce que j'avais acquis plus de maturité, il m'a aidée à mieux intégrer certaines idées qui m'échappaient auparavant.

Durant les quatre années où j'ai suivi son enseignement, il a été pour moi quelqu'un de très proche musicalement comme spirituellement.

Puis un jour, alors que je ne m'y attendais pas, il s'est adressé à moi après un concert que je dirigeais et auquel il avait assisté, ce qui m'avait beaucoup touchée à l'époque : « Je crois que je me suis trompé, m'a-t-il dit ce soir-là. Je ne pensais pas que tu y parviendrais mais tu *es* un véritable chef d'orchestre, il faut que tu t'accroches, ça en vaut la peine ! »

Je n'oublierai jamais ses paroles. J'étais à la fois étonnée de ce compliment si précieux venant de lui et heureuse de recevoir cette reconnaissance d'un musicien hors pair. Cette fois, il me soutenait clairement car il me sentait capable d'affronter ce milieu, d'en gérer la pression, en faisant preuve de la diplomatie nécessaire.

Il admirait particulièrement ma faculté d'accompagner les solistes et m'a encouragée au sujet des concertos, dont il disait que je les dirigeais très bien. Il est vrai que j'aime beaucoup le répertoire concertant. J'apprécie notamment la collaboration avec un soliste ; j'aime sentir sa présence à ma gauche, j'aime cette communication silencieuse qui passe par le regard. Je ne me lasse pas de travailler avec le violoncelliste soliste Raphaël Pidoux, avec qui une complicité très forte s'est établie ; nous avons donné beaucoup de concerts ensemble et nous n'avons parfois plus besoin de nous parler pour nous comprendre. Je connais sa façon de jouer, de gérer le trac, ses idées musicales. Un échange de regards suffit pour être au diapason. Mais il me surprend encore, heureusement !

Certains chefs d'orchestre possèdent une spécialité : les uns c'est l'opéra, les autres les symphonies, d'autres encore la musique sacrée. Pour ma part, je dirige tous les répertoires mais j'adore les concertos, pour lesquels rien n'est figé et qui me procurent parfois des poussées d'adrénaline. Les ralentis, le *rubato* (façon très libre de jouer) d'un soliste n'y est jamais le même et l'attention du chef d'orchestre est toujours mise à rude épreuve. Cela réclame des réflexes très rapides, de l'ordre du millième de seconde (ceux dont je parlais plus haut), afin de trouver immédiatement une juste articulation entre l'orchestre et le soliste. Il faut être alors dans une écoute absolue et s'oublier totalement pour n'être plus *que* musique. Alors que beaucoup de chefs n'y accordent que peu d'heures, je suis très attentive à donner le temps de répétition nécessaire aux œuvres concertantes afin de placer les solistes et l'orchestre dans les meilleures conditions pour une réalisation harmonieuse de l'œuvre.

Aujourd'hui, le concerto est devenu l'une de mes spécialités et je pense que c'est l'une des raisons pour lesquelles de grands solistes tels que Raphaël Pidoux, violoncelliste, et Jean-Marc Phillips-Varjabédian, violoniste, tous deux membres du célèbre trio Wanderer, apprécient de se produire à mes côtés.

Je les connaissais à l'origine en tant que membres du trio Wanderer, constitué d'un piano, d'un violon et d'un violoncelle. C'est l'un des groupes de musique de chambre les plus reconnus et titrés en France et à l'étranger. La musique de chambre est un genre exigeant en raison de la difficulté du répertoire, mais aussi parce que les relations humaines sont denses et les sensibilités exacerbées, chacun devant tout donner : on ne s'investit pas seulement, on se livre. Les trois membres du trio Wanderer, Jean-Marc Phillips-Varjabédian au violon, Vincent Coq au piano et Raphaël Pidoux au violoncelle, sont des hommes totalement différents dans la vie, et pourtant très unis en musique. Leur répertoire est en grande partie axé sur la période romantique, mais ils abordent tous les styles et je suis impressionnée par eux, chaque fois que le temps me permet d'aller les écouter. De Haydn à Saint-Saëns, ou de Mendelssohn à une création contemporaine, leur travail musical est toujours abouti.

Chacun des musiciens du trio Wanderer mène une carrière de soliste. Ils possèdent l'expérience et le talent d'un musicien de chambre conjugués à ceux d'un soliste. Animés d'une volonté de partager des moments musicaux de qualité, ils ne courent pas, contrairement à certains solistes, uniquement à la poursuite de la gloire et de l'argent ! C'est une grande chance d'avoir pu les rencontrer pour mener, ensemble, de beaux projets artistiques.

J'aimerais ici ouvrir une parenthèse pour faire partager quelques-uns de mes coups de cœur musicaux et évoquer en particulier mes concertos préférés issus du répertoire romantique. Ainsi, le *Concerto pour violoncelle* d'Anton Dvorak. Certes, c'est le plus connu du répertoire pour violoncelle et orchestre, mais ce n'est pas pour rien… Dvorak a atteint une grande qualité d'écriture dans cette œuvre qui met particulièrement en valeur le violoncelle sans jamais le couvrir, malgré le nombre de musiciens nécessaires. Il laisse également des moments importants d'expression à l'orchestre.

Parmi les concertos pour piano et orchestre, je conseillerai également les *Concertos pour piano et orchestre* n° 9 et n° 23 de Mozart, le célèbre *Concerto n° 5* (dit de l'Empereur) pour piano et orchestre de Beethoven, ou les concertos de Schumann et Tchaïkovski. Ce sont des œuvres dotées de styles très différents mais, pour chacune d'entre elles, le compositeur s'est illustré avec des couleurs et des thèmes d'une grande beauté.

Parmi les concertos pour violon et orchestre, mes préférés sont le *Concerto pour violon* de Mendelssohn, le *Concerto n° 5* de Mozart, les concertos pour violon de Beethoven et Sibelius, ou encore le *Double Concerto pour violon, violoncelle et orchestre* de Brahms. Cette dernière œuvre est assez originale au regard de cette période de l'histoire de la musique, puisqu'elle est composée pour deux instruments ; l'écriture en est très équilibrée entre les deux instruments, et l'art du concerto de Brahms offre aux violoncellistes un grand moment de musique. Beethoven lui aussi avait composé un concerto pour plusieurs instruments, le *Triple Concerto pour piano, violon, violoncelle et orchestre*, qui n'est pas toujours reconnu parmi les plus grands de Beethoven, mais que je recommande particulièrement pour la beauté de son second mouvement.

En ce qui concerne les autres instruments que les compositeurs ont mis à l'honneur dans le répertoire, je préconise le *Concerto pour alto* de Bartok, et – étant moi-même guitariste – le *Concerto d'Aranjuez* pour guitare et orchestre de Rodrigo.

Enfin, la *Symphonie concertante* pour instruments à vent et orchestre de Mozart et le *Konzertstück* pour quatre cors et orchestre de Schumann constituent également des œuvres remarquables, qui font appel à plusieurs solistes d'instruments à vent.

Jean-François Bénatar avait raison : être chef exige beaucoup de calme, pour gérer la pression, ainsi que de la sérénité et de la diplomatie. En vérité, un chef d'orchestre est une sorte de géant aux pieds d'argile, à la fois tout-puissant parce qu'il commande, et fragile car il dépend entièrement de ses musiciens.

Ainsi, la relation entre un chef et les musiciens peut se transformer en un véritable rapport de force. Si l'orchestre que j'ai en face de moi décide de ne pas coopérer, je peux me retrouver limitée dans mon champ d'action, voire impuissante. Je me souviens de répétitions très difficiles lors de la préparation d'un concert que je dirigeais en Russie. J'avais en face de moi des musiciens russes, parmi lesquels certains étaient machos, antipathiques et réfractaires à la direction d'une femme. Il m'a fallu tenir bon, ne rien lâcher pour obtenir ce que je souhaitais. Déjà, même en étant diplomate, ce n'est pas toujours évident, mais cette fois-là, face à des musiciens qui ne comprenaient aucune des langues dans lesquelles je m'exprimais (j'avais essayé l'anglais, l'allemand, le français, et m'étais contrainte, au final, à apprendre quelques mots de russe), c'était particulièrement compliqué !

Lorsque je me retrouve face à un orchestre symphonique, qui compte entre cinquante et quatre-vingt-dix musiciens, avec un pupitre de contrebasses imposant ou des cuivres débordant d'énergie, il est difficile de lutter physiquement contre eux. Ce sont des masses sonores impressionnantes, face à un seul individu. Sergiu Celibidache nous avait donné le conseil suivant, sous la forme d'une boutade, mais ce qu'il disait était très juste : « Ne vous fâchez jamais avec le pupitre des contrebasses. »

Parce qu'elles ont les sonorités les plus graves, les contrebasses représentent en effet la base du son dans l'orchestre. Elles dégagent beaucoup d'énergie mais aussi beaucoup d'inertie car les grosses cordes ont besoin de temps pour se mettre en vibration, ce qui réclame de leur part une certaine énergie et une anticipation par rapport aux autres instruments. Imaginez que vous avez huit ou dix contrebasses dans votre orchestre (ce qui est fréquent pour une importante formation symphonique) et qu'elles y mettent de la mauvaise volonté... Vous avez beau être le chef, vous ne pourrez rien faire !

Si je veux, par exemple, faire accélérer l'orchestre et que le pupitre de contrebasses ne réagit pas suffisamment rapidement, je peux prendre l'option d'accélérer ou d'amplifier mes gestes, afin d'accentuer la modification de tempo souhaitée. Le problème, c'est que tous les musiciens vont répondre à mes gestes et je risque donc de me retrouver avec une partie de l'orchestre qui suit ces nouvelles indications... et un pupitre de contrebasses toujours en décalé. Le résultat obtenu ne sera pas concluant. Si je veux éviter la catastrophe, il me faudra trouver tout de suite une solution : soit les contrebasses s'adaptent, soit, si elles n'y arrivent pas ou se montrent récalcitrantes, ce sera à moi de m'adapter. C'est pour cela que j'accorde de l'importance au regard, car celui-ci est parfois très efficace pour obtenir une réponse rapide et ajustée à mon souhait.

Une autre fois, cette impression de ne pas maîtriser complètement la situation surviendra parce que les musiciens ne sont pas assez attentifs ou qu'ils ont la « tête dans le guidon » (c'est-à-dire dans la partition qu'ils ne connaissent pas suffisamment) et donc ne se montrent pas assez réactifs à la battue...

Une autre fois encore, c'est le manque de temps qui m'empêchera de maîtriser complètement l'orchestre, notamment lorsque je suis face à des musiciens avec lesquels je n'ai jamais travaillé. Car certains orchestres jouent selon des traditions ou des esthétiques difficiles à changer en quelques répétitions seulement. Il faut du temps pour travailler et établir une véritable relation.

Je me pose parfois la question de savoir comment j'organiserais mon travail face à un orchestre prestigieux comme l'Orchestre philharmonique de Berlin, dans la *Cinquième Symphonie* de Beethoven. C'est assez improbable à l'heure actuelle. Mais quels seraient mon apport, ma capacité à tenir et à diriger cet orchestre parmi les meilleurs de la planète, sur un répertoire qu'ils ont joué des milliers de fois et pour lequel ils peuvent presque se passer de chef?

Je pense néanmoins que j'appréhenderais ce travail comme je le fais avec les autres orchestres.

À la fragilité, toujours présente, car les choses peuvent vite échapper à tout chef, s'ajoute un grisant sentiment de puissance, que j'éprouve physiquement chaque fois que je dirige. La sensation la plus fabuleuse, je la connais lorsque j'ai l'impression de « jouer de l'orchestre », c'est-à-dire de jouer de tous les instruments en même temps. Je ressens alors l'orchestre comme un ensemble complet dont je jouerais personnellement. Il devient un instrument unique, mon instrument.

Mais revenons à mes dix-huit ans et à mes premières expériences sur scène. Cette année de ma majorité a été, je crois, l'une des plus chargées de ma vie : j'entamais mes études de musicologie à la Sorbonne, je me produisais en tant que soliste à la guitare, j'allais aux cours de Jean-François Bénatar (et donc je travaillais mon alto plusieurs heures par jour). Parallèlement, j'enseignais la pratique d'orchestre au sein d'un conservatoire d'arrondissement parisien et je me produisais en concert. Mon emploi du temps était effrayant, mais j'avais appris à m'organiser. Le manque de temps m'avait obligée, depuis longtemps, à adopter des méthodes de travail efficaces. Entre autres méthodes, je repérais les passages difficiles dans une œuvre et j'y consacrais toute l'attention nécessaire. J'ai ainsi appris à morceler mon travail pour me concentrer sur les fragilités.

Je procède de la même façon avec l'orchestre pendant les répétitions. Certains chefs d'orchestre fondent leur travail sur l'enchaînement des œuvres et interrompent très peu l'orchestre. Ce n'est pas ma façon de faire. Durant les trois heures que dure généralement une séance de répétition, il peut m'arriver de passer beaucoup de temps sur quelques mesures seulement, si j'estime cela nécessaire pour obtenir la qualité et la précision que je souhaite. Je sais que cela demande beaucoup de concentration aux musiciens et que certains n'apprécient pas de travailler ainsi. Mais, à mon sens, il faut trouver un juste équilibre entre un travail de détail, en profondeur, et un travail sur l'endurance et la globalité de l'œuvre. Bien sûr, il m'arrive, en fin de répétition, lorsque la fatigue se fait sentir et que je constate une baisse de concentration chez les musiciens, de changer mes « plans ». Afin de ne pas solliciter une attention que j'aurais beaucoup de mal à obtenir, j'oriente mon travail autrement. J'en profite, par exemple, pour leur faire jouer l'œuvre ou un mouvement de l'œuvre sans s'arrêter, afin de tester leur endurance et de faire un point sur le travail effectué durant toute la répétition.

Cette année de mes dix-huit ans, j'avais participé à un festival en Pologne, qui distinguait les jeunes talents parmi les compositeurs, les solistes et les chefs d'orchestre. J'avais obtenu la première distinction de « jeune chef d'orchestre » et le directeur d'un conservatoire parisien m'avait alors confié la direction de son orchestre, sur un extrait de programme de concert.

Heureuse de cette récompense qui me confortait dans ma décision de devenir chef d'orchestre, je l'étais encore plus à mon retour à Paris, lorsque le directeur m'a proposé de prendre la direction d'un orchestre de jeunes élèves de son conservatoire. J'ai aussitôt accepté. L'orchestre était composé d'une trentaine d'adolescents, d'un assez bon niveau musical. Il portait le nom de « Divertimento ». À l'origine, le *divertimento* est une forme musicale apparue au XVIIIe siècle, assez libre et destinée à divertir. Le caractère dynamique et réjouissant de la forme musicale s'accordait parfaitement à cet orchestre ainsi qu'à mon état d'esprit de l'époque, libre et plein d'énergie !

Près de quatorze ans plus tard, ce qui avait commencé comme un petit orchestre d'élèves au sein d'un conservatoire d'arrondissement est devenu un orchestre professionnel indépendant. Désormais, c'est un ensemble symphonique de soixante musiciens permanents de renom, venus de la Seine-Saint-Denis, de Paris et de la région Île-de-France. Aujourd'hui, l'Orchestre symphonique Divertimento se produit en France comme à l'étranger. Et il est partenaire artistique de solistes réputés tout comme d'institutions prestigieuses telles que la Cité de la Musique, l'Orchestre de Paris ou encore l'Orchestre symphonique national d'Algérie.

Une véritable réussite à mes yeux… après, il est vrai, bien des péripéties.

9

Galères au conservatoire

Négligences ? Oublis volontaires ou non ? Quelques mois après ma prise de fonctions, chaque semaine ou presque je rencontrais un problème. Avec le recul, je crois que le succès de Divertimento y était pour quelque chose. L'orchestre était devenu si dynamique qu'on le considérait désormais comme plus solide et plus sérieux que l'autre orchestre de ce conservatoire, composé de musiciens destinés à devenir professionnels et dirigé par le directeur lui-même. Toujours est-il qu'au fil des ans, les relations avec le directeur en question sont devenues de plus en plus difficiles.

Son attitude concernant l'orchestre Divertimento oscillait en permanence entre prises de décision relativement cohérentes et choix maladroits ou décisions arbitraires. Si j'avais été, dans un premier temps, très reconnaissante de son choix audacieux, celui de me faire confiance et de me permettre, à dix-huit ans, de diriger un orchestre de conservatoire municipal à Paris et d'en devenir donc un des professeurs, je dois dire que, par la suite, il ne m'a pas rendu les choses faciles.

La veille d'un concert de l'orchestre Divertimento prévu à la salle Cortot, je reçois ainsi un appel du secrétariat du conservatoire m'informant qu'il y avait un souci avec la salle et qu'il fallait envisager d'annuler ou de déplacer le concert du lendemain. La salle n'avait tout simplement pas été réservée. Apprendre cela, la veille ! Nous devions jouer un programme consacré à Beethoven dont le *Triple Concerto pour violon, violoncelle, piano et orchestre*, avec trois jeunes solistes de talent. Aussitôt, je pense aux quatre mois de travail, à mon investissement et à celui des solistes ! Je file au conservatoire afin de persuader le directeur de trouver une autre salle pour le lendemain. J'arrive difficilement à le convaincre et nous voilà à la recherche d'une salle munie d'un piano et capable d'accueillir un orchestre symphonique de cinquante musiciens, ce qui n'est pas aisé à Paris. De plus, cette salle devait être quasi gratuite vu le peu de budget qui avait été alloué. De fil en aiguille, mon directeur obtient du directeur du Conservatoire supérieur de Paris, qu'il connaissait bien, la mise à notre disposition de son auditorium, rue de Madrid, le lendemain, à l'horaire prévu. La salle trouvée, il a fallu prévenir tous les musiciens qui, à leur tour, prévenaient les personnes de leur entourage décidées à venir les écouter.

Le lendemain, tous les tracas n'étaient pas terminés, et c'est ma mère et mon frère, venus à la rescousse, qui m'ont aidée à sortir définitivement de cette galère. Ils se sont postés sur le lieu prévu initialement pour le concert, salle Cortot, ont posé des affiches et distribué des prospectus pour indiquer le nouvel endroit, situé heureusement à quelques centaines de mètres seulement. J'avais bien sûr décalé un peu l'heure, pour laisser aux gens le temps d'arriver.

Un autre jour, c'était le camion pour déplacer le matériel qui avait été oublié. Cette fois, c'est mon frère et mon père qui m'ont aidée à faire rouler les timbales depuis le conservatoire jusqu'à l'église où se tenait le concert, à près d'un kilomètre de là! Ce sont certes des détails, mais qui compliquaient énormément la vie du jeune chef que j'étais et de cet orchestre si prometteur. Petit à petit, l'installation et la désinstallation de la salle n'étaient plus effectuées, alors que, dans les conservatoires, il y a des personnes dont c'est le travail. Conclusion : je perdais chaque fois un quart d'heure au début et à la fin de la séance de répétition, rien que pour m'occuper du matériel : placer les chaises et les pupitres, aller chercher les timbales et les autres percussions dans la salle de percussions, porter les contrebasses, les accessoires et les sacs lourds de partitions… Aujourd'hui, je me dis que, en tout cas, toutes ces tâches ingrates et dures, je les connais pour les avoir accomplies des centaines de fois!

Mais derrière ces actes, c'est tout le travail d'un orchestre qui était pris en otage, et cela juste parce que le directeur n'appréciait pas ma réussite à la tête de cet orchestre. De plus, les conditions de rémunération étaient très précaires. En dépit de la reconnaissance que j'éprouvais envers lui qui m'avait engagée au sein de ce conservatoire, tout cela devenait inacceptable.

Je n'ai rien dit à l'époque : j'étais jeune, j'avais besoin d'expérience et, surtout, lorsque je me retrouvais devant le pupitre et face aux musiciens, j'oubliais tout. Mais je commençais à me sentir découragée, fatiguée qu'on me mette, consciemment et inconsciemment, des bâtons dans les roues.

Je me souviens également de cette fameuse tournée en Pologne, une histoire édifiante, qui mérite d'être contée. Elle marque à mes yeux le début de ma prise de conscience : mon investissement au sein de cet établissement devait évoluer, peut-être même devais-je envisager mon détachement de ce conservatoire. C'est ce qui se produisit quatre ans plus tard et provoqua l'indépendance de l'orchestre Divertimento.

C'était notre première tournée. Nous étions en août 2000 et j'avais tout juste vingt-deux ans. Divertimento comptait quarante-cinq jeunes musiciens, âgés de douze à vingt-huit ans. Nous devions tous nous rendre à un festival en Pologne pour une dizaine de jours, accompagnés par le directeur. En tant que chef d'orchestre et professeur responsable de ce projet, j'étais chargée de l'organisation du voyage, compliquée d'ailleurs, car il y avait beaucoup de détails à régler : collecter les autorisations des parents et les sorties de territoire pour les mineurs, lister les instruments pour les douanes et les assurances, prévenir les autorités consulaires des différents pays que nous traversions, gérer les plannings selon les activités prévues et la réglementation des horaires des chauffeurs de car, etc. Cela m'avait demandé énormément de temps et d'énergie, mais le jour J, tout était prêt. Malgré ma jeunesse, j'avais la confiance des musiciens et des parents, tellement d'ailleurs que certains d'entre eux m'avaient confié des détails intimes de la vie de leurs enfants afin de mieux gérer certaines situations !

Le jour tant attendu arrive enfin. Tout le monde était terriblement excité. La veille, j'avais reçu un appel de la secrétaire du directeur m'annonçant que celui-ci ne venait plus ! Comme je m'étais inquiétée de n'avoir pas d'argent pour faire face à l'imprévu, le jour du départ, elle me donne en tout et pour tout deux mille francs (l'équivalent de trois cents euros). Trois cents euros pour quarante-cinq personnes ! Certes, la nourriture, l'hébergement, le transport, etc. étaient déjà réglés, mais cette somme, destinée à servir en cas de souci, était dérisoire pour faire face aux besoins d'un groupe de quarante-cinq personnes pendant dix jours.

On débarque néanmoins à Swieradov-Zdroj, notre destination, un dimanche soir. Pas d'accueil : rien. A priori, il y avait eu un malentendu. On fait le tour des hôtels de la ville pour trouver le nôtre – heureusement il y avait dans l'orchestre un musicien de quatorze ans qui parlait polonais. J'étais stressée car j'avais la responsabilité de quarante-cinq personnes, exténuées par un voyage de vingt-quatre heures en car, qui avaient faim, envie de dormir et qui attendaient impatiemment dans le bus... Finalement, on trouve le bon hôtel.

Une fois les musiciens installés dans leurs chambres, j'appelle le directeur, resté en France, sur son lieu de vacances. Je m'en souviens encore, je venais d'acquérir quelques semaines plus tôt un portable et j'étais étonnée d'avoir une couverture réseau dans cette région montagneuse, frontalière de l'Allemagne et de la République tchèque. Je lui raconte notre voyage et mes difficultés pour trouver le lieu d'hébergement. Après quelques échanges, je conclus la conversation téléphonique en lui signifiant que je l'appellerai à notre retour à Paris. Et là, il me félicite en prononçant ces mots qui resteront toujours gravés en moi : « Bravo, Zahia. Je ne pensais vraiment pas que vous y arriveriez. »

Je raccroche, toute retournée par cette phrase ! Avec tous les clichés que l'on entend sur la jeunesse, sur les banlieues dont j'étais issue, lequel de nous deux était le plus responsable ? Qu'est-ce que cet homme avait en tête pour m'envoyer ainsi, seule, à vingt-deux ans, avec la responsabilité de quarante-cinq musiciens, dont des mineurs, en pensant que je n'y arriverais pas ?

Aujourd'hui, je vois le bon côté de cette histoire : ce voyage m'a beaucoup appris, m'a fait mûrir. J'assurais la direction de l'orchestre mais également l'encadrement des musiciens : certains étaient plus âgés que moi et d'autres mineurs, donc sous mon entière responsabilité. Il n'y avait pas de régisseur technique à mes côtés ni qui que ce soit en charge de la logistique et de l'organisation. Heureusement, j'étais secondée par ma sœur Fettouma et quelques musiciens quand cela se révélait nécessaire.

Durant ce séjour, j'ai découvert la gestion d'un groupe. Je faisais en sorte de traiter chacun selon son âge, mais sans perdre de vue les règles de la vie collective. J'autorisais, par exemple, les groupes des musiciens mineurs à se réunir le soir pour discuter mais je m'étais mise d'accord avec eux pour que, passé une certaine heure, ils se retrouvent dans leurs chambres, proches de la mienne, et non dans la salle au rez-de-chaussée de l'hôtel ou à l'extérieur. Quant aux musiciens adultes, je ne pouvais bien sûr pas les empêcher de sortir mais, du haut de mes vingt-deux ans, j'ai réussi à obtenir d'eux qu'ils soient à l'heure aux répétitions le lendemain et que, même s'ils avaient fait la fête la veille (ce qui est difficile à empêcher en tournée!), ils restent efficaces et constructifs dans le travail.

Tous ces moments ont été extrêmement riches et j'en ai tiré beaucoup d'enseignements, tant artistiques que professionnels et humains. Les tournées sont à cet égard très intéressantes. Il faut gérer plusieurs aspects à la fois, éviter que l'énergie ne se dilapide inutilement et garder des moments de convivialité tout en conservant son énergie pour le projet musical. C'est un bon apprentissage de la vie en collectivité et un excellent moyen pour mieux connaître ses musiciens.

Cette première tournée s'est d'ailleurs bien déroulée. Pour notre accueil officiel, le lendemain de notre arrivée, la direction du festival avait réuni tous les musiciens des orchestres invités, venus d'Allemagne, de Russie, de République tchèque, de Pologne, dans un des plus beaux lieux de cette ville thermale, un établissement entièrement en bois. Je me souviens que le directeur du festival, un vieux monsieur très élégant, s'est montré très surpris en me voyant. Il n'avait pas compris que le chef d'orchestre de l'Orchestre symphonique Divertimento était « une » chef, toute jeune par ailleurs !

Après s'être excusé de son air étonné, il m'a pris la main et m'a saluée d'un baisemain. J'avais été stupéfaite de constater que les hommes, en Pologne, pratiquaient encore cet usage, que je trouvais d'ailleurs fort élégant, même s'il ne me mettait pas vraiment à l'aise.

Dans le cadre de ce festival, chaque orchestre invité se produisait dans différents lieux de cette région de Pologne. Je me souviens encore de l'euphorie des musiciens, lors d'un trajet en car pour nous rendre à un concert, lorsque nous avions entendu à la radio, sur une onde nationale, l'annonce de notre concert et les noms « orchestre Divertimento » et « Zahia Ziouani », prononcés avec un fort accent polonais !

À la fin du séjour, tous les orchestres invités étaient réunis en très grande formation pour donner le concert final de ce festival européen d'orchestres. Il y avait près de trois cents musiciens au total. On m'a alors fait l'honneur de me confier la direction de ce méga-orchestre pour un programme Beethoven avec *L'Ouverture Coriolan* et des extraits de la *Neuvième Symphonie*, dont *L'Hymne à la joie*. Je salue d'ailleurs la grande ouverture d'esprit dont ont fait preuve à mon égard les autres chefs, tous des hommes entre cinquante et soixante-dix ans, qui se sont montrés ravis de me laisser diriger.

Les répétitions se déroulaient tous les matins. Cela m'avait demandé beaucoup d'énergie de fédérer tout ce monde et de me faire comprendre de tous ; je m'exprimais tour à tour en anglais, en allemand et en français. Dès le premier jour, j'avais réussi à asseoir mon autorité et j'ai donc pu conduire mon travail normalement, au fil des répétitions, jusqu'au concert final qui fut une grande réussite.

Pour moi, cette tournée restera un souvenir fort.

À notre retour au conservatoire, l'ambiance n'était toujours pas bonne. Par la suite, elle s'est encore dégradée. Le directeur ne faisait rien pour me soutenir ou m'aider, bien au contraire. Chaque fois que je réclamais des moyens, nécessaires et légitimes, pour acheter des partitions, du matériel pédagogique ou louer une salle pour les concerts, il me faisait régulièrement cette réponse : « Il n'y a pas assez d'argent. » Pas assez d'argent ? Il me refusait des financements, comme à d'autres professeurs, mais il avait toutefois créé un département de comédie musicale. J'assistais à son développement et je regardais les élèves, dont certains disaient qu'ils se présenteraient à la Star Ac', bénéficier des nombreux moyens mis à leur disposition. Cela m'attristait beaucoup car je doutais fort qu'une préparation à la Star Ac' soit dans les attributions d'un conservatoire ! Je n'ai rien contre les comédies musicales, au contraire, mais je pense qu'il faut d'abord donner aux départements existants la possibilité de fonctionner avant de créer quoi que ce soit d'autre.

Pendant ce temps-là, de mon côté, j'attendais le feu vert de mon directeur pour partir avec l'orchestre dans différentes villes de la Côte d'Azur. C'était ma quatrième tournée, après la Pologne et un festival en Poitou-Charentes, deux années de suite. Tout était prêt : il ne me manquait plus que son accord officiel et la validation de la réservation du car. Je lui renouvelle ma demande plusieurs fois et voilà qu'il invoque un prétexte étonnant : « L'orchestre compte des mineurs, m'explique-t-il. C'est une lourde responsabilité. » Quand il m'avait envoyée toute seule en Pologne, il avait eu moins de scrupules ! Devant mon insistance, et prétextant qu'il partait bientôt en retraite, il finit par se défausser sur le journaliste Stéphane Bern, alors président de l'association du conservatoire : « J'ai parlé de la tournée à Stéphane Bern et il n'est pas d'accord. »

Pour son départ, mon directeur avait organisé une soirée au cours de laquelle j'ai eu l'occasion de discuter avec Stéphane Bern et je me suis alors aperçue qu'il ignorait jusqu'à l'existence de l'orchestre Divertimento ! Le directeur ne l'en avait jamais informé. Quant à son prétendu désaccord pour une tournée…

Celle-ci s'est faite, finalement, bien que le directeur ait tout mis en œuvre pour l'empêcher, allant jusqu'à envoyer une lettre aux parents pour les dissuader d'accepter. Ils ne l'ont pas suivi car ils m'accordaient leur confiance : j'avais emmené leurs enfants à plusieurs reprises et tout s'était toujours très bien passé. Aussi, à la demande des musiciens, qui ne comprenaient pas cette situation, et avec l'accord des parents des mineurs, nous sommes partis en dehors du cadre officiel du conservatoire. Ce premier acte d'indépendance m'a fait prendre conscience que d'autres solutions existaient peut-être, en dehors du conservatoire.

Avec l'arrivée d'un nouveau directeur, j'ai repris espoir… pour peu de temps. À cette époque, je m'étais mise en quête de financements pour permettre à l'orchestre de fonctionner sans que je sois soumise aux arbitrages budgétaires dont je dépendais jusque-là. Je les avais trouvés, mais lorsque je demande au nouveau directeur de pouvoir en bénéficier, il me répond ceci : « Dans un conservatoire, c'est comme dans une entreprise : les recettes ne sont pas toujours affectées au même poste que celui des dépenses. » J'ai compris alors qu'il n'y aurait pas grand changement et que cet homme ne représentait ni une nouvelle chance ni de nouvelles manières. Mon sentiment s'est vite confirmé. Il n'a rien fait pour m'aider, bien au contraire. Il a réduit la durée de mes cours, a séparé les cordes et les vents de l'orchestre, et refusait les anciens élèves musiciens qui venaient s'inscrire uniquement pour l'orchestre, par choix et pour le plaisir de travailler avec moi.

C'était très net : le nouveau directeur cherchait à disloquer Divertimento. D'ailleurs le nom n'existait plus, il l'avait rebaptisé : « Orchestre du CMA », pour « conservatoire municipal d'arrondissement » ! J'ai compris que cette année-là serait ma dernière dans cet établissement.

C'était d'autant plus dommage que je m'investissais énormément dans mon travail et pour l'orchestre. J'avais parallèlement réussi, au sein de la fonction publique territoriale, le concours de « professeur chargé de direction d'ensembles instrumentaux ». C'est un concours difficile qui ne se déroule que tous les trois ou quatre ans. Il y avait un seul poste ouvert sur toute la France, pour environ quarante candidats, et je l'ai obtenu, à l'âge de vingt-quatre ans. Ce diplôme me donnait encore plus de légitimité sur le plan pédagogique pour enseigner la discipline qui me tenait tant à cœur : l'orchestre. Tout se combinait : d'un point de vue artistique, j'orientais de plus en plus mon activité vers la direction d'orchestre, tandis que d'un point de vue pédagogique, apprendre aux élèves à jouer dans un orchestre et diriger des orchestres d'étudiants devenaient ma spécialité.

Par ailleurs, je m'entendais bien avec mes collègues du conservatoire. J'y ai fait de très belles rencontres : Dominique Troccaz, professeur de hautbois (devenue le hautbois solo de l'Orchestre symphonique Divertimento), Philippe Hanon, professeur de basson et basson solo de l'Orchestre national de France, Stéphane Logerot, professeur de contrebasse et contrebasse solo de l'Orchestre national de France, et Raphaël Pidoux avec qui, je l'ai déjà dit, je nouerai une profonde complicité musicale et une grande amitié. Il donnait alors des cours de violoncelle et lui non plus n'était pas toujours considéré, me semble-t-il, à sa juste valeur. Je constatais, avec regret, qu'on ne tirait pas parti de tout ce que des musiciens comme nous étions prêts à offrir.

Il me fallait regarder la réalité en face : ce qui se passait dans ce conservatoire parisien ne m'intéressait plus.

Rapidement, je m'ouvris professionnellement à d'autres perspectives que ce conservatoire dont, je le sentais, mon départ était imminent. J'enseignai ainsi à l'École de musique et de danse de Stains, en tant que professeur d'orchestre et de musique de chambre. D'ailleurs, je me souviendrai toujours de ma première semaine : j'ai bien failli ne jamais revenir ! Tout avait mal commencé, j'avais galéré pour trouver l'endroit, la ville me semblait sinistrée et tous les gens que je questionnais me répondaient qu'il n'y avait pas de conservatoire à Stains... Finalement, j'arrive place du 8-Mai-1945 et je commence mes cours. Là, mon impression se confirme : l'école a peu de moyens, certains enfants me paraissent très fragiles, et les réalités sociales ne sont pas faciles, en tout cas elles n'ont rien à voir avec ce que j'ai connu à Paris. Je me souviens de trois jeunes garçons, trois frères, qui se partageaient le même instrument. À mon premier cours, ils s'assoient côte à côte. Ne possédant qu'un instrument pour trois, ils se passaient la trompette à tour de rôle, toutes les cinq minutes, en changeant l'embouchure à chaque fois. C'était très différent du conservatoire parisien, où les familles étaient, pour la plupart, aisées. C'est amusant de repenser à ces premières impressions et de constater à quel point elles sont devenues obsolètes. Aujourd'hui, une dizaine d'années plus tard, je suis l'un des plus fervents défenseurs de la ville de Stains, qui, par ailleurs, a beaucoup changé et a plus fière allure. Je suis heureuse de diriger son école de musique depuis presque sept ans maintenant. Et je serai toujours reconnaissante à la ville de Stains et à son maire, Michel Beaumale, qui croit à la culture comme vecteur de réussite, de m'avoir fait confiance.

En 1999, à mon arrivée, l'école de musique totalisait un peu plus de deux cents élèves. Grâce à la politique culturelle engagée des élus, au travail d'équipe de qualité et à mon envie de faire de cet endroit un véritable enjeu de développement pour la ville, elle compte aujourd'hui près de cinq cents élèves.

Aussi, lorsque j'ai vu la tournure que prenaient les événements dans le conservatoire d'arrondissement de Paris, j'ai réuni une bonne partie des musiciens de l'orchestre et je leur ai fait la proposition suivante : transformer Divertimento en une structure indépendante. Le maire de Stains trouvait intéressante l'idée de relier les projets pédagogiques de l'école de musique avec la résidence d'un orchestre symphonique au sein de la ville. C'est ainsi que Divertimento a été invité à établir sa résidence à Stains. Le projet fut officiellement validé, et les musiciens acceptèrent assez massivement cette décision.

En 2005, l'orchestre Divertimento devient donc indépendant et je quitte définitivement le conservatoire parisien pour l'École de musique et de danse de Stains dont j'étais entre-temps devenue la directrice.

10

« C'est dans quel quartier, Stains ? »

Pour certains musiciens de l'orchestre Divertimento, quitter Paris pour la banlieue n'a pas été simple. Certains m'ont même demandé si Stains était un quartier de Paris. Puis, lorsqu'ils ont appris que c'était une ville du 93, le 9-3 qui fait si peur à la télé, il m'a fallu les rassurer. Non, ils n'allaient pas risquer leur vie en se rendant en Seine-Saint-Denis. Moi qui ai toujours vécu à Pantin, travaillais à Stains, et ai grandi dans ce département, je pouvais en témoigner.

Mais, très vite, les regards se sont modifiés car ce changement de lieu a insufflé une nouvelle vie à l'orchestre. Certains musiciens, issus de Paris, d'un milieu privilégié, ont été troublés en découvrant qu'ils étaient mieux soutenus à Stains, en banlieue, que dans la capitale. Cela a fait tomber beaucoup d'a priori et mis à mal bien des préjugés, comme celui consistant à croire que, à Paris, tout est mieux.

Je découvrais enfin un environnement propice au développement de l'orchestre.

Rapidement, des musiciens ayant un lien fort avec la Seine-Saint-Denis nous ont rejoints. Les premiers à s'associer à l'orchestre Divertimento furent les professeurs de l'École de musique de Stains, tous d'excellents instrumentistes, une chance pour une équipe pédagogique. Ensuite, de jeunes talents issus de plusieurs conservatoires du département intégreront régulièrement certains programmes de l'orchestre afin, notamment, d'y apprendre le métier de musicien d'orchestre. Ainsi, des personnes de milieux très différents, d'origines différentes, qui ne se seraient jamais croisées dans d'autres circonstances, se retrouvaient à travailler ensemble : des gens de milieux aisés vivant dans de beaux appartements parisiens comme de jeunes talents stanois issus de familles modestes logeant en HLM.

Parallèlement, je prenais un grand plaisir à diriger l'École municipale de musique et de danse. Transmettre aux jeunes la passion de la musique classique, former un public à l'écoute musicale et l'attirer aux concerts : tous ces enjeux ambitieux m'enthousiasmaient. Mais là encore, la tâche n'était pas aisée car la banlieue a une réputation qui lui colle à la peau. D'autant plus que cette année-là, fin octobre 2005, les émeutes ont éclaté…

J'étais très affectée par ce que je voyais tous les jours. Malgré les pressions médiatiques et institutionnelles, je refusais de fermer l'école. En accord avec les élus, l'activité continuait normalement. Dès le début des violences, j'avais été repérée par les médias, en quête d'icônes positives, avec toute la démagogie et l'étroitesse d'esprit liées à certains raccourcis. Les journalistes me disaient : « Vous faites de la musique classique à Stains ? C'est super ! » Pour moi, ce genre de phrase porte atteinte à la dignité des gens, comme si la banlieue était incapable de jouer, d'écouter de la musique classique et de l'aimer. Dans un pays développé comme le nôtre, cela n'a rien d'extraordinaire de mettre en place des projets culturels. Par contre, ce qui mérite de l'intérêt, c'est leur qualité, celle de l'enseignement et des actions artistiques et éducatives comme celles menées à Stains, par exemple. Mais les préjugés sont tels concernant la banlieue qu'on ne regarde jamais ce qui est bien, mais toujours ce qui ne va pas. Je peux témoigner que les médias ne viennent pas couvrir mes concerts à Stains ; en revanche, lorsqu'il y a un mort dans une cité, ils en parlent pendant des jours. Durant les émeutes, lors d'une interview, un journaliste m'a même demandé, très sérieusement, s'il fallait désormais porter des gilets pare-balles pour se rendre au conservatoire ! Qu'est-ce que je pouvais lui répondre ? J'avais juste envie de lui dire : « Mais c'est n'importe quoi, vos questions ! »

Une autre fois, c'est un journaliste venu filmer le travail pédagogique avec les élèves du conservatoire qui s'est étonné du lieu dans lequel nous travaillions. L'auditorium de Stains est en effet une très belle salle, offrant un confort et une qualité acoustique très appréciable et très appréciée des musiciens, du public et de nos élèves. C'est une vaste salle tout en bois et haute de plafond. « Je ne peux pas filmer cela, c'est beaucoup trop luxueux pour ces enfants ! » s'est exclamé le journaliste. Je lui ai alors rétorqué – non sans humour et cynisme – que je pouvais l'emmener filmer un hall d'immeuble dans la cité voisine, si c'était ce qu'il recherchait !

Et, bien sûr, quand les émeutes se sont terminées, tout est retombé. Les feux des projecteurs se sont éteints et la banlieue est retournée à son oubli.

À cette période, j'avais été invitée à rejoindre l'« Appel des 93 », afin de représenter une des quatre-vingt-treize personnalités de ce département qui souhaitaient valoriser son image, sa richesse et son potentiel. Étant fortement attachée à la Seine-Saint-Denis, je trouvais nécessaire de mettre en valeur le 93, qui ne compte pas que des incendiaires ! Le département, on l'oublie trop souvent, possède de nombreuses richesses dans tous les domaines. Il accueille un laboratoire d'intelligence artificielle à Saint-Denis, dont la renommée est internationale, ainsi que des universités d'un excellent niveau. Il compte aussi des IUT, la CNAM, les Archives nationales, le centre national de la danse, de nombreuses manifestations culturelles et la moitié des studios de cinéma français, pour ne citer que ces quelques exemples. Il y a de beaux parcs départementaux et forestiers et le Stade de

France ! Bien sûr que l'insécurité existe en banlieue, mais résumer un département entier à ce constat, je trouve cela terrible et très injuste.

Rejoindre l'Appel des 93 me fut naturel et m'a permis de rencontrer nombre de gens intéressants. Dans leur domaine respectif, tous œuvraient, comme moi, à la valorisation de la Seine-Saint-Denis et à l'amélioration de son image. Cet engagement était à mes yeux un engagement humain et non politique. J'ai toujours eu à cœur de dissocier mes engagements artistiques de mes opinions politiques. Je ne veux pas mélanger les genres ni être apparentée à un quelconque parti d'autant plus que, sur le sujet de la culture en particulier, je me trouve des valeurs communes avec des personnalités certes le plus souvent de gauche, mais également d'autres bords politiques.

Il n'empêche que cette image de la banlieue n'a cessé de me poursuivre. Parce que j'habite et travaille dans le 93, parce que je suis prénommée Zahia et suis chef d'orchestre en Seine-Saint-Denis, j'intéresse les médias (comme les politiques d'ailleurs). Pour eux, je suis à l'opposé des jeunes traînant au bas des immeubles et j'ai dû lutter pour ne pas être considérée comme la « beurette » de banlieue qui a réussi autrement qu'en montant son salon de coiffure. Quel sens cela a-t-il, lorsqu'on regarde l'histoire de la France et de ceux, dont mes parents font partie, dont *je* fais partie aussi, qui ont contribué et contribuent à cette histoire ?

Cela m'a amenée à refuser beaucoup d'interviews et à me montrer de plus en plus prudente face aux sollicitations politiques, mais surtout médiatiques. J'ai deux souvenirs en tête, suffisamment éloquents.

Le premier concerne avec le journal féminin *Elle*, en 2005 ou 2006. Une page avait été prévue sur mon parcours de musicienne et mon métier de chef d'orchestre. Tout s'était très bien passé avec la journaliste et j'étais en confiance. Puis, au dernier moment, celle-ci m'appelle et m'explique que sa rédactrice en chef veut savoir si j'ai grandi dans une cité, quel métier faisaient mes parents, quelles étaient leurs origines, etc. Je m'étonne et lui rappelle que l'interview porte sur moi en tant que chef d'orchestre ; la vie de mes parents ou la tour de banlieue dans laquelle j'ai vécu n'apportent, à mon sens, rien à l'article. La journaliste me rétorque que sa supérieure veut impérativement que l'on parle de ce sujet, sinon il n'y aura pas d'article. Eh bien, il n'y a pas eu d'article. J'ai refusé.

Cela ne m'a pas empêchée, quelques années plus tard, et j'en ai été très heureuse, d'être invitée, cette fois pour mon parcours de femme chef d'orchestre, à être marraine des deuxièmes « États généraux de la Femme », initiés et portés par le célèbre magazine.

Second exemple, à la radio cette fois. Pour fêter « les trente ans du chef d'orchestre Zahia Ziouani », j'étais invitée sur les ondes de la prestigieuse Radio Classique, dans le créneau très écouté du matin, entre 8 heures et 9 heures. J'étais enchantée. Je me prépare, je choisis les extraits musicaux qui seront diffusés lors de l'émission, et j'arrive le jour J, à l'heure dite. Là, le journaliste commence à faire une description atroce de la banlieue, et me demande si ce n'est pas dangereux de faire de la musique classique là-bas, etc. Il avait, à ses côtés, trois chroniqueurs qui, pour l'instant, n'intervenaient pas. Alors qu'on était sur Radio Classique, donc censé parler de musique, presque toutes les questions du journaliste étaient orientées sur l'insécurité en banlieue. L'entretien était de plus mené d'une façon très vive, j'avais à peine répondu à une question qu'il m'en posait une autre. C'est un souvenir douloureux pour moi. Seule satisfaction, ils ont passé deux extraits musicaux sous ma direction.

Après l'écoute du deuxième extrait, le journaliste annonce que je viens d'être nommée par décret présidentiel chevalier de l'ordre national du Mérite. C'était tout récent et peu de personnes de mon entourage étaient au courant. J'étais soulagée d'entendre enfin quelque chose de positif lorsqu'un des chroniqueurs, resté silencieux jusque-là, me demande, de façon inattendue et d'un ton sec :

– Qui va vous remettre cette distinction ?

– Le sénateur honoraire Danielle Bidard.

– Sénateur… de Seine-Saint-Denis ?

– Oui, en effet.

– Donc, elle est communiste.

J'étais tellement surprise de cette remarque ! Et tellement déçue !

Je tentai d'expliquer qu'il s'agissait d'une amie de la famille, une femme qui, lorsqu'elle avait la délégation de maire adjoint déléguée à la culture à Pantin, m'avait vue évoluer et devenir une artiste accomplie. Il me tenait à cœur que ce soit elle qui me remette cette distinction. Et non pour des raisons politiques. J'essayai de rendre compréhensible tout cela durant les quelques secondes qui me restaient.

Le sous-entendu était terrible : il signifiait que ma distinction était un « acte politique » et que, à ce titre, elle n'était peut-être pas si méritée que cela. Or, il n'y a rien de politique dans l'ordre du Mérite. J'avais travaillé dur pour en arriver là et la République française me reconnaissait pour cette raison. J'en étais heureuse et fière.

Je suis sortie de l'émission, déçue de n'avoir pu ni parler de musique ni présenter mes projets et la saison 2009-2010 de l'Orchestre symphonique Divertimento.

Un an et demi plus tard, je suis retournée à Radio Classique. Entre-temps, j'avais expliqué au journaliste en question combien ses questions m'avaient blessée. Lui, de son côté, m'avouait avoir grandi à Sarcelles et pensait, pour une raison qui m'échappe encore, mettre davantage mon travail en valeur en insistant sur la banlieue.

Cela ne m'a pas empêchée de construire, plus tard, de très bonnes relations avec cette radio : Radio Classique est devenu, en 2010, un partenaire fort de l'Orchestre symphonique Divertimento.

Mais les médias n'ont pas l'exclusivité de l'instrumentalisation, les partis politiques sont aussi très forts dans ce domaine et je dois dire que, depuis plusieurs années, je me montre très prudente. Un des exemples les plus révélateurs reste celui de l'élection présidentielle de 2007. Les grands partis m'ont alors tous fait de l'œil. D'un seul coup, des gens qui ne me connaissaient ni d'Ève ni d'Adam se mettaient à m'aimer et à aimer mon travail !

La première sollicitation est venue de l'équipe de campagne de Marie-George Buffet, une femme que j'apprécie par ailleurs pour ses qualités humaines. Députée de Stains, elle a assisté régulièrement à mes concerts et je la connais également par le biais de mes parents. J'ai refusé, ne voulant pas que mon travail artistique soit associé à un engagement politique.

La deuxième personnalité politique à m'interpeller fut Ségolène Royal. À l'époque, Canal Plus déléguait la rédaction éditoriale de son Grand Journal à certains candidats, libres ensuite de choisir le contenu de l'émission et leurs invités. Ségolène Royal organisait son Grand Journal à l'occasion de la journée de la Femme et elle souhaitait m'y inviter, alors que je ne l'avais jamais vue à un seul de mes concerts. Là aussi, j'ai refusé, arguant du fait que ma présence sur le plateau serait comprise comme un appel à soutenir sa candidature.

Nicolas Sarkozy, lui, s'est montré le plus tenace de tous, d'autant plus qu'il s'y est mis plus tôt, dès décembre 2006. De multiples sollicitations m'ont été faites, allant d'un déjeuner avec Simone Veil, prétendument en dehors de tout cadre politique mais se déroulant à son QG de campagne, jusqu'à Rachida Dati arrivant à Stains avec deux journalistes, dont l'un travaillait pour le site Internet de l'UMP. De nouveau, j'ai été obligée d'être ferme pour empêcher mon travail d'être récupéré par un parti.

À chaque nouvelle élection, c'est la même chose. Que ce soient les régionales, les cantonales, les municipales, la présidentielle, les législatives… je fais sans cesse la même réponse, diplomatique mais ferme : « Désolée, je ne le souhaite pas et je ne suis pas disponible. » Je suis certes très engagée dans la promotion de la musique et de la culture pour tous, mais je refuse que cela me lie à un engagement politique et a fortiori à un parti.

De toute façon, avant de juger, j'attends de voir ce qui se fait dans la réalité. Car, moi qui ai pourtant plutôt des valeurs de gauche, j'ai rencontré parfois plus d'écoute de la part d'élus de droite que de certaines personnalités de gauche (en dehors des élus de Stains qui m'ont toujours soutenue). J'ai même eu parfois droit à des attitudes méprisantes à mon égard. Un élu de gauche, qui d'ailleurs n'avait pas pris soin de lire en détail le projet, m'a dit un jour avec dédain : « Votre projet artistique, on dirait un projet politique d'André Malraux. » Ce n'était pas un compliment dans sa bouche mais, pour moi, c'en était un. D'accord, l'accès à la culture n'est peut-être pas une idée neuve, mais le sujet est, hélas, toujours d'actualité car beaucoup de gens en sont privés.

Je me souviens également de Roger Karoutchi, alors secrétaire d'État, et d'Éric Raoult, tous deux UMP, essayant de convaincre Jean-Paul Huchon, président socialiste du conseil régional d'Île-de-France, de l'importance du projet de l'Orchestre symphonique Divertimento et de l'intérêt de son activité sur de nombreux territoires en Île-de-France…

Il y a parfois de bonnes surprises, comme ce jour où Rachida Dati, rompant alors avec l'épisode douloureux de son passage surprise à Stains, m'a invitée à me produire avec l'Orchestre symphonique Divertimento au ministère de la Justice. Elle avait pris ses fonctions de ministre un mois auparavant. Je me souviens, c'était le 21 juin 2007, pour la fête de la Musique. Le geste était fort… sauf que ce jour-là, j'avais déjà un concert prévu à Stains. Pas question, pour moi, d'annuler. À l'époque, plusieurs personnes ont essayé de me persuader d'accepter l'invitation au ministère, quitte à annuler Stains : « C'est plus prestigieux », m'affirmaient-elles. Je n'étais pas d'accord. J'avais pris des engagements et, à mes yeux, tous les publics ont la même valeur.

J'explique donc au cabinet de Mme Dati que nous ne pouvons pas répondre à son invitation, sauf si nous sommes programmés en ouverture des « festivités », c'est-à-dire vers 18 heures, et que le ministère assure ensuite notre transport jusqu'à Stains pour nous permettre d'y donner notre concert. Finalement, le cabinet me rappelle. Tout est arrangé. Nous jouerons bien à 18 heures et un car sera mis à notre disposition pour nous emmener à Stains.

Le jour J arrive. Nous sommes installés dans les magnifiques jardins du ministère sur une estrade montée à cet effet. De nombreuses personnalités sont présentes, comme Jean-Claude Casadesus, chef de l'Orchestre national de Lille, ainsi qu'un public très nombreux.

Le concert se déroule parfaitement bien et, dès la sortie de scène, je demande à mes musiciens de ranger rapidement leurs affaires afin de prendre le car devant nous conduire à notre deuxième concert. J'avais pour ma part commandé un taxi-moto, afin d'être au plus tôt à Stains et de gérer, s'il le fallait, un éventuel retard du car.

Quelques minutes après moi, l'orchestre arrive, escorté par les motards de la police nationale et… dans un car de l'Administration pénitentiaire ! La situation était pour le moins amusante. C'était bien la première fois que mon orchestre arrivait de cette façon sur un lieu de représentation !

Après le concert dans les jardins du ministère de la Justice, nous donnons alors notre deuxième concert dans les jardins de la mairie de Stains où, là aussi, le public était très nombreux et l'ambiance chaleureuse.

Ce n'est pas l'endroit où je me produis qui conditionne ma façon de diriger. De la même façon que je n'allais pas, ce jour-là, priver la ville de Stains de son concert pour me produire dans un prestigieux lieu parisien, j'ai toujours à cœur de rester fidèle à mes valeurs et à mes convictions, en toute indépendance. C'est pourquoi je me défends depuis dix ans de toute instrumentalisation médiatique ou politique.

Mon combat est clair : je cherche à ce que l'on me considère pour ce que je fais et non pour mes origines, l'exotisme de mon prénom ou mon lieu de résidence. Plus généralement, je lutte pour faire en sorte que nos actes soient valorisés pour ce qu'ils sont et non pas pour leur contexte géographique ou social, que la diversité soit perçue comme une chance et non un danger, et que l'image de la banlieue change non seulement à l'extérieur mais aussi pour ses habitants afin qu'ils cessent de la vivre comme une fatalité.

« C'est vous la dame d'orchestre ? m'a demandé un jour une femme dans un supermarché de Stains, où je faisais mes courses avant de rentrer chez moi. Merci pour ce que vous faites. Vous me faites oublier mes journées difficiles et vous nous aidez à mieux vivre ici. » Ces phrases-là n'ont pas de prix.

Je reçois régulièrement du courrier de personnes qui me disent à quel point cela leur fait du bien de voir qu'il y a de belles choses à Stains. Cela donne une autre image de leur ville. Eux, dont le quotidien n'est pas facile, je peux en parler. Tous les jours, je vois des gens qui se sacrifient pour leurs enfants, qui se lèvent tôt pour aller travailler et qui grossissent la file d'attente aux arrêts de bus (voilà vingt ans qu'il est question de prolonger la ligne 13 du métro jusqu'à Stains et que rien n'est fait, alors que dès 6 heures du matin, les arrêts de bus sont bondés !). Certains se passent de vacances pendant cinq ans pour acheter un instrument de musique à leur enfant. De ceux-là, on ne parle jamais et c'est regrettable.

D'ailleurs, il ne suffit pas d'habiter en banlieue, le malaise peut venir aussi de ce qui vous est refusé, interdit. Mes parents n'avaient pas la nationalité française. Or, ils étaient très investis dans la cité et je les ai toujours connus militant, participant aux débats publics et s'engageant, que ce soit dans les collectifs de parents d'élèves ou au sein d'associations diverses grâce auxquelles ils ont rendu service aux uns et aux autres. Enfant, je ne comprenais pas qu'avec leur engagement citoyen, ils n'aient pas le droit de vote et ne soient pas considérés comme des Français. Je me souviens notamment de mon sentiment d'injustice à chaque voyage scolaire lorsqu'on nous demandait de remplir le fameux formulaire E111 (aujourd'hui remplacé par la carte européenne d'assurance-maladie) : parce que mes parents n'étaient pas français, je ne pouvais pas fournir ce papier. En 1995-1996, ils ont finalement obtenu la nationalité française, mais difficilement, malgré leur naissance en Algérie française, leur installation en France et trois enfants nés à Paris.

Un autre exemple, plus récent, mais qui montre combien les personnes issues de l'immigration peuvent être stigmatisées : il y a un peu plus d'un an, j'ai demandé un certificat d'hébergement à la mairie de mon domicile, afin de pouvoir accueillir en vacances ma grand-mère qui vit en Algérie. Ma demande a été suspendue et on m'a envoyé les services de l'immigration. Il m'a été répondu que, selon les documents fournis, ma maison était grande et qu'il paraissait douteux que seuls mon mari et moi l'habitions. En clair : je pouvais être marchand de sommeil ! On m'a envoyé les services de l'immigration alors que je suis directrice d'un conservatoire, chef d'orchestre, chevalier de l'ordre national du Mérite ! Je n'en revenais pas, mais apparemment je ne suis pas la seule. Je connais d'autres personnes à qui c'est arrivé.

11

Divertimento

La musique a ceci de fabuleux qu'elle place tout le monde sur un même plan, celui de l'art. Lorsque les musiciens de Divertimento se produisent à Punta Umbria, en Espagne, ou à Moscou, personne ne se demande s'ils habitent un hôtel particulier à Paris ou une cité HLM à Stains. Tout le monde s'en fiche. Seules comptent les qualités artistiques des individus. Et c'est bien l'essentiel à mes yeux également. Je souhaite ainsi que Divertimento soit reconnu pour son talent artistique et non pas parce qu'il est fortement ancré en Seine-Saint-Denis. Pour cela, j'ai à cœur que l'image de l'orchestre ne soit pas attachée qu'à Stains ou à la banlieue : Divertimento est en résidence dans la ville, plus précisément à l'auditorium Xenakis, mais il n'est ni « l'orchestre de Stains », ni « l'orchestre de la banlieue ».

Divertimento compte aujourd'hui soixante musiciens permanents (dont une dizaine sont là depuis l'origine). Trente autres musiciens viennent jouer régulièrement, ce qui fait un ensemble de quatre-vingt-dix musiciens lorsque nous sommes réunis dans notre intégralité. C'est un projet atypique dans la mesure où je veux le rendre accessible à tous les publics et le développer dans tous les lieux, à la fois dans les salles prestigieuses traditionnellement dédiées à la musique classique, mais également, et surtout, partout ailleurs. Des actions de sensibilisation existent, de plus en plus fréquentes heureusement, mais la musique symphonique demeure trop peu présente, voire inexistante, sur de nombreux territoires. C'est aussi un projet à double entrée : à la fois orchestre de musiciens professionnels et un outil pédagogique permettant d'intégrer sur certains programmes des amateurs et des étudiants, en passe de devenir professionnels. Le niveau requis est très élevé et ils auront davantage de travail que les autres pour préparer les répétitions, mais je tiens à cet aspect, qui permet aux jeunes ayant le potentiel et l'énergie de faire leurs premières armes au sein d'un orchestre professionnel. Évidemment, du fait de leurs difficultés techniques, certains projets ne peuvent se réaliser qu'avec des professionnels ; dans ce cas-là, j'adapte bien sûr l'orchestre au degré d'exigence requis par l'œuvre.

Aujourd'hui, je pense avoir établi avec mes musiciens une relation de proximité. Je crois en eux, et je m'investis pleinement pour que Divertimento se développe. J'attache beaucoup d'importance au fait que les musiciens qui constituent cet orchestre connaissent son projet, souhaitent s'y investir et le défendent. Et même si, dans un an ou dans deux jours, on me donnait des moyens très supérieurs pour fonctionner, ces mêmes critères resteraient essentiels à mes yeux, aussi décisifs qu'un excellent niveau technique. Les musiciens avec lesquels j'ai élaboré ce travail, dans un climat de confiance et de partage, conservent une place primordiale. Je ne recherche pas seulement des « prestataires artistiques », mais des partenaires de ce projet, qui s'y impliquent avec conviction.

Car la musique est un échange et un partage. Il ne s'agit pas de « jouer pour jouer » ou d'établir une performance technique, mais bien tout d'abord de s'approcher de ce que souhaitait le compositeur et ensuite de prendre plaisir à jouer ensemble afin de toucher le public, même profane, et de partager les œuvres avec lui.

Je suis très sensible à l'accès à la culture par tous, et à la musique en particulier. C'est devenu pour moi un engagement fort, auquel je suis attachée. D'aucuns s'étonnent parfois que l'on puisse faire apprécier la musique classique à certains publics. Je suis convaincue qu'à partir du moment où on leur donne les outils et les codes nécessaires, ceux-ci se montrent curieux de la découvrir et très heureux de ces moments de partage.

Je me souviens en particulier d'un concert, où je dirigeais des extraits d'opéra de Rossini, Mozart, Catalani et Verdi au théâtre de Stains. Le responsable du foyer d'accueil des demandeurs d'asile, avec qui je travaille régulièrement autour d'actions de sensibilisation, m'appelle pour me confirmer la venue d'un groupe de personnes installées dans ce foyer. Certaines d'entre elles étaient arrivées en France depuis quelques jours seulement et elles assistaient à un concert de musique classique pour la première fois de leur vie. Je me souviens encore de leurs yeux écarquillés et des applaudissements chaleureux de ce public installé au premier rang et que je ne pouvais m'empêcher de regarder chaque fois que je me retournais pour saluer. Partager ces moments à leurs côtés reste un souvenir précieux.

Ceux qui n'ont pas les moyens de découvrir la musique classique, ou ne s'en autorisent pas l'accès, il faut aller vers eux et leur faire rencontrer ce monde si riche, si varié. J'ai ainsi mené de nombreuses actions éducatives et de sensibilisation auprès du public scolaire, du public associatif, des familles de Stains et d'autres villes, afin de les inciter à venir au concert ou à pratiquer un instrument.

Aux côtés des professeurs de l'École de musique et de danse et des musiciens de l'orchestre Divertimento, j'ai vécu de très belles expériences avec des enfants d'école primaire, de collège, de lycée, de centres de loisirs, d'associations, et bien sûr avec les familles.

Pour cela, nous nous déplaçons « sur le terrain », mais j'accorde aussi beaucoup d'importance à ce que le public vienne à l'auditorium Xenakis, situé au sein de l'école de musique, pour y découvrir l'orchestre, ses instruments et sa richesse. Il est fondamental à mes yeux que la population stanoise fasse connaissance avec les lieux culturels de sa ville. J'encourage évidemment les écoles, les familles et mes élèves à découvrir l'Opéra de Paris, mais je tiens également à ce que le théâtre ou l'auditorium de leur ville soit un endroit qu'ils connaissent et qu'ils fréquentent.

Avec Divertimento, je propose des œuvres typiques du répertoire symphonique et lyrique mais je défends également la musique française des XIXe et XXe siècles. Les compositeurs de cette époque ont beaucoup apporté à l'écriture pour orchestre et composé de véritables chefs-d'œuvre, pas toujours connus du grand public. Par exemple, chez Saint-Saëns, que j'affectionne particulièrement, on retrouve toujours les mêmes œuvres dans les programmations, comme la *Symphonie n° 3*, le *Concerto pour piano n° 2* ou encore *Le Carnaval des animaux*. À elles seules, elles représentent quatre-vingt-dix pour cent de la programmation de ce compositeur. Or Saint-Saëns a écrit d'autres compositions telles que *La Muse et le Poète*, *la Danse macabre*, *La Princesse jaune* et l'opéra *Samson et Dalila* qui comprend cette magnifique danse bacchanale que j'aime tant diriger! Saint-Saëns était fasciné par l'Orient; il a séjourné à plusieurs reprises à Alger, où il est mort d'ailleurs, et le pays lui a inspiré de très belles pages, aux mélodies orientales, comme *La Suite algé-*

rienne, savant mélange entre la musique classique française et les consonances arabes. Or, cette œuvre est très peu jouée. De même, un compositeur comme Emmanuel Chabrier, qui a écrit lui aussi de très belles pages, se trouve trop rarement à l'affiche des grands orchestres.

J'ai envie de faire découvrir ces répertoires peu connus.

Cela ne m'empêche pas de diriger des œuvres très célèbres et très appréciées du public comme le *Boléro* de Ravel ou les suites extraites de l'opéra *Carmen* de Bizet, mais j'ai aussi l'ambition de mieux faire connaître des compositeurs comme Claude Debussy, par exemple. Son visage était imprimé sur les billets de vingt francs et on l'avait tout le temps entre les mains. Or, quand on vit en France, je trouve qu'il est aussi important de savoir qui était Debussy que de savoir remplir un formulaire de Sécurité sociale.

Promouvoir le répertoire classique français ne signifie pas s'enfermer dans le conservatisme et ne s'oppose en rien à l'échange et à l'ouverture d'esprit nécessaires pour accéder à la musique. C'est pourquoi j'ai également à cœur d'ouvrir la programmation de l'orchestre à d'autres formes musicales telles que les musiques de film, les comédies musicales ou le jazz. Des compositeurs comme Nino Rota (qui a écrit pour le cinéaste Federico Fellini), Georges Delerue (pour Jean-Luc Godard et François Truffaut), Ennio Morricone (pour Sergio Leone) ou encore John Williams (pour Steven Spielberg et George Lucas) se sont beaucoup inspirés de la musique classique. Le répertoire de musiques de film, extrêmement varié, est un patrimoine que j'aimerais valoriser.

C'est pourquoi je propose régulièrement une programmation thématique comme, par exemple, « musiques de film », « musique russe », « concertos classiques », « Europe romantique » ou encore « musique symphonique et jazz ». Cela permet de créer une unité dans le programme musical en immergeant, le temps d'une soirée, les spectateurs dans un même univers.

Par ailleurs, j'accorde beaucoup d'importance au sein des programmes au répertoire concertant, et des solistes de renom s'associent ainsi régulièrement aux projets de l'orchestre Divertimento. Je pense par exemple à l'altiste Jean-François Bénatar, mon ancien professeur. Lorsque j'étais étudiante, je n'aurais jamais imaginé que cela soit possible un jour, mais il a joué plusieurs fois en soliste, sous ma direction, l'*Andante* et le *Rondo hongrois* pour alto et orchestre de Carl Maria von Weber et la *Romance* de Max Bruch pour alto et orchestre. J'ai été fière également de diriger d'autres artistes de renom tels que Sophie Koch, Ferrucio Furlanetto, et de nombreux autres encore.

J'ai par ailleurs une affection toute particulière pour le violoniste Jean-Marc Phillips-Varjabédian et le violoncelliste Raphaël Pidoux. Tous deux sont des musiciens d'un très grand talent, mais également d'une grande générosité humaine comme artistique. Ils ont toujours cru au potentiel de Divertimento et nous ont accompagnés depuis le début, alors que je n'étais qu'une toute jeune chef et que l'orchestre n'était pas aussi expérimenté ni le travail artistique aussi abouti qu'aujourd'hui. À Paris, à Stains ou à Tremblay-en-France, ils jouent toujours avec énergie et engagement, animés des mêmes volontés de découverte et de partage de la musique.

Ce sont des solistes de renom sur la scène musicale, mais également des hommes d'une extrême gentillesse et d'une grande simplicité dans la vie, et pour toutes ces qualités, je les respecte et les estime. Ils ont répondu présent au premier concert que nous avons donné à la Cité de la Musique à Paris, le 17 février 2010. C'était un programme dédié aux musiques françaises. Raphaël Pidoux y a interprété le *Concerto pour violoncelle et orchestre* de Saint-Saëns. Comme à son habitude, il a illuminé la salle de son talent. Il est agréable de voir combien il se donne à fond et communique aux musiciens et à moi-même l'envie d'aller au bout de nos forces. C'est un vrai plaisir de faire de la musique à ses côtés. Et puis, musicalement, il a toujours des idées justes. En répétition, il est disponible, décontracté, n'hésite pas à faire preuve d'humour. Si nous ne sommes pas d'accord, ce qui est rarement le cas, il reste ouvert au dialogue. Dans une œuvre concertante, c'est le soliste qui est au premier plan et qui prend beaucoup de risques ; aussi, la plupart du temps, je me range à son avis. À la Cité de la Musique, après avoir joué la dernière note du concerto de Saint-Saëns, au moment des applaudissements du public, Raphaël Pidoux est venu vers moi pour me saluer, comme nous le faisons habituellement, et me glisse à l'oreille : « C'était super ! Depuis le temps qu'on la méritait, cette salle ! » J'étais très émue par ces quelques mots. Raphaël Pidoux avait cru en l'orchestre Divertimento, en mon travail, et lui aussi attendait que nous jouions ensemble dans une très belle salle parisienne ; lui aussi attendait que notre travail commun soit enfin valorisé ! Il y avait pourtant déjà joué, comme d'ailleurs dans les plus grandes salles du monde entier !

Jean-Marc Phillips-Varjabédian, lui, est complètement différent. Son look s'apparente à celui d'un rocker, et il est assez étrange avec son violon qui paraît tout petit, alors que lui est si grand. Il semble toujours sérieux et rigoureux. Ce n'est pas seulement une apparence, il l'est réellement, mais c'est aussi un musicien généreux, gentil et qui apprécie de travailler jusque dans le détail. Lors de ce concert à la Cité de la Musique, nous l'avons accompagné dans la *Symphonie espagnole pour violon et orchestre* d'Édouard Lalo, une œuvre longue et difficile pour le soliste, qui requiert à la fois une grande finesse et beaucoup de caractère. Je dois dire qu'il l'a merveilleusement interprétée, avec beaucoup de naturel. Ce concert fut un de nos meilleurs moments musicaux ensemble.

Je dirige également de la musique contemporaine et j'aime particulièrement les échanges de points de vue avec un compositeur (ce qui n'est pas possible évidemment avec Beethoven ou Mozart...). Je suis toutefois très exigeante sur ce répertoire car je me suis trop souvent retrouvée face à des œuvres inintéressantes, compliquées, à la limite même du jouable.

À ce jour, j'ai dirigé environ une centaine de créations contemporaines pour des formations très variées, allant de quelques instruments seulement à un orchestre symphonique et un chœur associant au total quatre cents musiciens. Mais certaines œuvres sont franchement insupportables! Je pense notamment à un morceau où, pendant quatre à cinq minutes, on entendait des sons effroyables, des notes aiguës jouées très fort, censées représenter des cris dans la nuit... Parfois, les compositeurs écrivent des choses irréalisables pour les musiciens mais qu'ils me demandent malgré tout d'obtenir, même quand je leur explique que c'est infaisable. Il est quasiment impossible, par exemple, à un tromboniste de produire un son suraigu cinq minutes d'affilée.

J'ai en mémoire un certain concert, une œuvre contemporaine dont je ne me rappelle même plus le nom. Déjà, je n'adhérais moi-même pas vraiment à la pensée du compositeur et m'ennuyais en dirigeant, ce qui ne m'arrive jamais. J'écoutais tout en pensant avec effroi au public de l'auditorium de Stains. J'avais eu beau préparer le terrain, c'était tout de même atroce.

Et là, pour la première fois en cinq cents concerts, j'étais gênée d'être sur scène et de défendre cette musique. Ce compositeur, qui vivait dans son monde intellectuel, rempli de variations sans queue ni tête, me semblait soudain tellement décalé !

Aujourd'hui, en ce qui concerne la musique contemporaine, je suis devenue très exigeante sur la qualité des œuvres, et les compositeurs avec lesquels j'aimerais travailler sont choisis.

Quelques belles collaborations m'ont toutefois marquée. Pour ne citer qu'eux, Olivier Penard, dont j'ai dirigé un très beau conte musical, *La Chèvre de Monsieur Seguin*, et avec qui j'ai créé une œuvre symphonique, *Hymne*, et Patrick Burgan avec qui j'ai travaillé sur *Exercices de style*, œuvre pour orchestre et chœur à partir des *Exercices de style* de Raymond Queneau. Il rendait hommage, dans cette composition, à plusieurs grands compositeurs du XXe siècle comme Maurice Ravel, Olivier Messiaen ou encore Luciano Berio. C'était une œuvre très difficile à diriger, compte tenu de l'architecture complexe des mouvements, des changements très fréquents de pulsation, de tempo et de mesure. Mais ce travail sur des styles très variés, impliquant de trouver différents timbres, différentes atmosphères, était particulièrement intéressant.

La collaboration avec Patrick Burgan a été très intéressante et j'ai apprécié la confrontation de nos idées. J'ai pu à cette occasion lui dire que nous avions failli travailler ensemble quelques années auparavant.

Il m'a répondu qu'il aurait vraiment apprécié, car il avait beaucoup aimé mon travail. Il est regrettable de constater que des barrières institutionnelles empêchent parfois la rencontre entre deux artistes.

Exercices de style a d'ailleurs rencontré un très beau succès auprès du public. L'œuvre a été donnée dans plusieurs salles de Seine-Saint-Denis avec l'ensemble de musique contemporaine Densité 93, que je dirige également régulièrement depuis cinq ans. L'ensemble instrumental compte une vingtaine de musiciens et je dirige certaines œuvres en collaboration avec le chœur Soli-Tutti. Cet ensemble est installé en résidence à l'université Paris-VIII à Saint-Denis, institution avec laquelle je collabore, et qui possède par ailleurs une unité de musique et de musicologie comprenant un atelier de composition.

Toutefois, une grande partie de mon activité de chef d'orchestre est consacrée à Divertimento, qui représente pour moi un projet artistique et culturel ambitieux. Il n'est pas qu'un projet socioculturel, contribuant à la sensibilisation à la musique classique, notamment en banlieue. Je fais tout pour qu'il soit identifié sur la scène musicale pour ses qualités artistiques. Et que ce soit à Stains ou à la Cité de la Musique, au festival de Saint-Denis ou à Villiers-le-Bel, tous les concerts que je dirige sont conduits avec le même degré d'exigence.

Pour moi, il est fondamental de défendre la musique devant un public. Notre société ne valorisant pas vraiment la musique classique, si on n'attire pas le public au concert, il n'y aura bientôt plus de spectateurs… et plus de concerts, si ce n'est pour une élite, de plus en plus réduite. Selon moi, c'est un enjeu de taille pour l'avenir et il est indispensable d'en faire aujourd'hui une priorité culturelle.

Car la musique est quelque chose de vivant, de concret. Elle ne peut pas être arrêtée une fois pour toutes, sous une seule et unique forme. Je suis allée entendre à la salle Pleyel la *Symphonie n° 2* de Brahms donnée par l'Orchestre philharmonique de Radio France. C'est une œuvre que j'aime beaucoup et que j'ai écoutée des centaines de fois. Eh bien… j'avais beau parfaitement la connaître, là, sous la baguette de Chung et pour mon plus grand bonheur, je l'ai redécouverte.

Seuls le concert et le contact direct avec le public permettent d'expérimenter la vie, présente partout dans la musique. Ne serait-ce que pour émettre un son, il faut respirer, et chaque famille d'instruments possède sa particularité. Chez les instruments à vent, par exemple, pour produire un son, le musicien doit d'abord envoyer de l'air dans son instrument. Ainsi, chaque instrumentiste respire à sa façon et le chef d'orchestre, lui, doit respirer avec tous ses musiciens. Les chefs qui sont en harmonie avec l'orchestre sont ceux qui respirent au même rythme que lui.

Les spectateurs ressentent alors cet élan et cette énergie collective qui se dégagent, jamais les mêmes à chaque concert.

Rien ne vaut le contact direct avec la musique si l'on veut toucher le public, celui d'une grande ville française ou d'un village au bord du désert algérien.

La musique classique réunit tout le monde autour d'elle sans distinction. Elle a traversé les siècles et que l'on se trouve à Téhéran, à Moscou, à Alger ou à Paris, l'œuvre jouée est la même, parce que écrite sur une partition identique pour tous. En revanche, les musiciens ne jouent pas forcément de la même façon d'un pays à l'autre car les esthétiques sont différentes. Un exemple : concernant les instruments à vent, nous accordons beaucoup d'attention en France à la qualité du son et à sa finesse. C'est l'une de nos spécificités. Dans les pays de l'Est en revanche, le son est plus dur chez certains instruments à vent. De même, leurs instruments à cordes ont un timbre plus chaud.

En cela, il est intéressant de se produire à l'étranger et, pour un chef, de diriger d'autres orchestres que le sien.

Depuis 2002, j'ai été amenée à diriger des orchestres provenant de nombreux pays (Russie, Égypte, Chine, Australie, Espagne, Pologne, Allemagne, Tunisie, Ukraine, République tchèque…) dont l'Algérie, où je suis depuis 2007 « premier chef d'orchestre invité » à l'Orchestre symphonique national d'Algérie. Et chaque pays m'a apporté mon lot d'expériences, de belles rencontres mais également de souvenirs cocasses.

La première fois que je suis allée en Russie, c'était pour diriger *Psyché et Éros* de César Franck. Les musiciens de Divertimento m'avaient accompagnée car il était prévu qu'ils s'intègrent à l'orchestre russe. On arrive en Sibérie, région où il existe peu de diversités culturelles et quasiment aucune mixité sociale. Pour commencer, les musiciens russes ne savaient pas si Zahia était un prénom masculin ou féminin. Ils font déjà une drôle de tête en découvrant une femme chef, de seulement vingt-sept ans. Mais le plus incroyable pour eux fut la découverte de l'une des musiciennes de Divertimento : Fatoumata, une jeune fille d'origine malienne, fine comme tout, élégante… et tromboniste. Une jeune fille noire au trombone, ils n'en revenaient pas ! Ils n'arrêtaient pas de la regarder. Il faut dire que le contraste était saisissant : elle était entourée de six trombonistes hommes, des caricatures de Russes, c'est-à-dire rondouillards, avec un côté un peu « bûcheron ».

En outre, les musiciens de l'orchestre ne parlaient pas un mot de français ni d'anglais. Quant à moi, je connaissais juste quelques mots de russe. J'ai donc utilisé essentiellement le langage de la musique : la langue italienne.

Ce fut une expérience compliquée pour moi. Pas de langue commune, des musiciens plutôt machistes pour certains, une œuvre de musique française… Cela faisait beaucoup de difficultés à gérer. Car leur mode de jeu et leur son dur, notamment aux cuivres, ne collaient pas du tout avec l'esprit que je souhaitais donner à ce répertoire français. Il a fallu trouver un compromis et adapter le jeu, ce qui n'était pas évident sur l'œuvre de Franck. C'était en même temps un challenge intéressant !

Plus tard, ce même orchestre russe a été associé à Divertimento pour d'autres concerts et trouver une unité entre les différents modes de jeu est demeuré un exercice périlleux, excepté pour les cordes où l'harmonie est plus facile à obtenir.

Après la Russie était programmée une tournée en Andalousie, en Espagne. On peut difficilement faire plus grand écart. Là, l'ambiance était plutôt folklorique, car les Espagnols sont très ouverts au partage et ont même, pour certains, un côté franchement extraverti. Cette tournée s'inscrivait dans le cadre d'un festival international d'orchestres de jeunes. Je l'avais donc destinée aux jeunes musiciens formés au sein de l'orchestre Divertimento, encadrés par les musiciens professionnels.

À ce festival, je devais diriger une œuvre réunissant trois orchestres : un orchestre français, Divertimento, un russe et un espagnol. Au total, cela faisait cent cinquante musiciens.

L'histoire peut paraître caricaturale mais j'ai vraiment eu affaire à trois comportements très différents de la part de ces jeunes musiciens : pour les répétitions, les Russes arrivaient une demi-heure à l'avance et s'installaient, très sérieux. Les Français, eux, arrivaient pile à l'heure. Quant aux Espagnols, je devais me battre avec eux à chaque répétition pour les avoir tous à l'heure dite !

Il faut savoir être plus ferme avec certains et plus souples avec d'autres, en tenant compte des spécificités de chaque pays. Ainsi, je me rappelle avec un certain effroi cette répétition en Russie où un trompettiste s'était trompé sur une note. Je lui en avais fait la remarque tout à fait normalement, comme on le fait en France, sans plus. À la répétition suivante, je m'aperçois qu'un autre trompettiste occupe sa place. Je me renseigne auprès du responsable de l'orchestre qui m'explique le fin mot de l'affaire : « On a changé le premier trompettiste car il s'était trompé. » C'est une autre mentalité qu'en France : là-bas, c'est un peu « marche ou crève ».

Enfin, il y a eu l'Algérie qui, bien sûr, fut une expérience forte pour moi. L'Algérie, pays de mes origines, mon autre nationalité, à côté de la française, et dans lequel je m'investis aujourd'hui en dirigeant son Orchestre national.

Et pourtant, au départ, mon rapport au pays de mes parents était plutôt distant.

12

« Surtout, ne venez pas ! »

Toute ma famille habite en Algérie. En arrivant en France, ma mère laissait derrière elle ses parents mais aussi cinq frères et sœurs restés à Alger. Mon père, lui, dernier-né d'une fratrie de quatre enfants, n'avait plus que sa mère, car son père était mort lorsqu'il avait tout juste un an. Contrairement à ma grand-mère maternelle, instruite et s'exprimant dans un français de grande qualité, voire précieux, ma grand-mère paternelle, une femme de la montagne, ne parlait que le kabyle, que je ne pratiquais pas. Je l'ai donc peu connue, d'autant moins qu'elle était très timide, mais je me souviens d'une femme aimante, douce et généreuse.

À l'époque, nous faisions comme beaucoup de familles immigrées : une fois par an, parfois seulement une fois tous les deux ans, nous partions dans notre pays d'origine pendant les grandes vacances. C'était un peu le voyage obligé, mais ces étés en pleine nature, dans un pays rempli de couleurs, étaient enchanteurs pour la petite fille que j'étais. Enfant, l'Algérie ressemblait pour moi à *La Petite Maison dans la prairie*, ce feuilleton que je regardais à la télévision et dans lequel tout était beau et gentil, la nature, la famille, les amis. C'était un pays de vallées, de prairies colorées remplies de fleurs sentant terriblement bon, butinées par des abeilles que j'entends encore bourdonner à mes oreilles.

Puis la décennie 1990 est arrivée et, avec elle, les années de plomb et le régime de terreur.

« Surtout ne venez pas ! » nous disait alors ma grand-mère maternelle. J'ai un souvenir très précis de l'inquiétude que nous ressentions alors et combien, quoique conscients des problèmes de sécurité, nous avions du mal à accepter de ne pas voir notre famille durant des années, comme cela nous est arrivé. Même si cette période coïncidait avec mon adolescence, pendant laquelle j'étais davantage préoccupée de moi-même que de ce qui se passait en Algérie, ces années de coupure forcée avec les êtres aimés sont restées des années douloureuses.

Je n'y suis retournée qu'en 2000, avec Fettouma, pour un concert où je me produisais en tant qu'altiste. Ce jour-là, lorsque l'avion s'est posé à l'aéroport d'Alger, j'ai éprouvé un sentiment de soulagement. Durant cette décennie où nous avions vécu séparés des nôtres, j'en étais venue à penser que je ne reverrais peut-être jamais l'Algérie…

Je retrouvais avec bonheur la lumière de ce pays, plus claire que n'importe quel jour ensoleillé en France. Une lumière différente, chaleureuse.

Pourtant, soudain, la vision de mon enfance s'est trouvée brusquement balayée. Ce n'était plus la nature luxuriante que j'avais gardée en mémoire mais, comme dans les pays en voie de développement, des chantiers un peu partout et des bâtiments à perte de vue dont certains, toujours en cours de construction, offraient au visiteur leurs armatures de béton, telles des carcasses abandonnées. Et au fil des années, je verrais se développer à une vitesse considérable les infrastructures du pays. Lors d'un déplacement pour des concerts dans les provinces algériennes, il m'est arrivé d'emprunter un simple tronçon d'autoroute en cours de construction à l'aller et, au retour, une semaine plus tard, de rouler sur l'autoroute entièrement achevée ! Là-bas, c'est un peu tout ou rien, on peut finir une autoroute en huit jours et laisser traîner certaines choses très longtemps, comme le métro à Alger, par exemple, dont on parle depuis des années sans que le projet aboutisse.

Quoi qu'il en soit, lors de notre retour en Algérie, le pays sortait tout juste des années de plomb, et je me souviens que Fettouma et moi avons été obligées de rester cantonnées à notre hôtel car on ne pouvait pas encore circuler librement.

Notre famille est venue assister au concert. C'était extraordinaire pour eux, car ils avaient quitté des petites filles et retrouvaient des jeunes femmes, sur scène qui plus est ! Pour nous, revoir nos oncles, nos tantes, nos cousins et notre grand-mère fut un moment très émouvant. C'est à partir de ce jour-là que j'ai redécouvert l'Algérie. Soudain, ce n'était plus le voyage obligatoire. Sans la présence de mes parents, j'entamais des liens différents, d'adulte à adulte, avec mes oncles, mes tantes et mes cousins. J'étais heureuse de vivre enfin des moments, en famille, qui nous avaient tant fait défaut durant notre enfance, en France. À Paris, on n'avait jamais eu de grand-mère qui venait nous chercher à la sortie de l'école avec le goûter. Et même si nous formions une famille très soudée, j'avais souvent un pincement au cœur en voyant mes amies se rendre chez leurs cousins ou leurs oncles et tantes. En Algérie, nous avons renoué avec les rituels familiaux comme celui de se retrouver le vendredi midi pour manger le couscous. Tout le monde est là et moi, petite-fille parmi les trente-deux petits-enfants que compte ma grand-mère maternelle, je découvre de nouvelles relations avec les membres de cette famille, que je n'ai pas vus pendant dix ans. Symbole de cette coupure forcée de plusieurs années, deux de mes oncles s'étaient mis à me vouvoyer alors qu'autrefois ils nous emmenaient à la plage, jouaient avec nous, que je les adorais. Cela m'a fait une impression étrange.

Parallèlement, je fis, sur le plan professionnel, de nombreuses connaissances. L'Algérie était désormais liée à ma vie d'adulte et de musicienne.

En 2006, je me décide à envoyer une lettre à Mme la ministre de la Culture algérienne, Khalida Toumi, pour lui dire combien je suis heureuse de voir que l'Orchestre symphonique national d'Algérie reprend vie et son activité. Je lui exprime aussi mon envie, et la fierté que cela représenterait pour moi, de diriger dans mon pays d'origine comme je le fais dans d'autres. J'étais allée jusqu'en Sibérie, mais n'avais encore jamais dirigé un orchestre en Algérie. Or il était important pour moi de m'investir dans ce pays, qui représente mes racines et est donc à l'origine de ce que je suis.

Cela se fera un an plus tard.

En 2007, à l'occasion de l'ouverture de la manifestation « Alger, capitale de la culture arabe », la ministre de la Culture m'a accordé sa confiance et m'a invitée à diriger l'Orchestre symphonique national d'Algérie, dont j'étais depuis le « premier chef d'orchestre invité », c'est-à-dire le chef d'orchestre principal. Ma sœur Fettouma m'a accompagnée pour se produire en tant que soliste dans le *Concerto pour violoncelle et orchestre en do majeur* de Joseph Haydn. J'étais curieuse de voir comment je serais accueillie, car, à cette époque, il n'y avait quasiment aucune femme dans l'orchestre d'Algérie, si ce n'était une violoniste, or on sait que la place des femmes en Afrique du Nord n'est pas toujours acquise. De plus, tous les hommes étaient plus âgés que moi.

Je me souviens de la première répétition et de mon tout premier contact avec cet orchestre. Mon père, à qui j'avais payé le voyage, m'accompagnait; il était assis au fond de la salle. Le directeur de l'orchestre s'adresse aux musiciens en arabe, langue que je comprends, et me présente comme un chef d'orchestre de renommée internationale. Il conclut en disant que l'Algérie est très fière de m'accueillir au sein de cette institution afin que nous puissions travailler ensemble et partager des moments musicaux symboliques. J'étais très émue et me mordais les joues pour ne pas craquer et ne pas laisser couler quelques larmes. Mon père, quant à lui, pleurait déjà. En une fraction de seconde, je pensai à tout le chemin qu'il avait parcouru et à l'éducation qu'il était parvenu à me donner, celle-là même qui me permettait aujourd'hui de me retrouver là, sur cette estrade. Et mon émotion n'en était que plus grande.

Cette première répétition tout comme les suivantes et le concert se sont très bien passés : le regard des musiciens était empli de respect et de fierté car j'étais algérienne et chef d'orchestre. Je n'ai donc pas eu de difficultés à imposer mon autorité et personne n'a jamais remis en cause le fait que je sois une femme et que je dirige. J'ai plutôt eu droit à des réactions d'admiration et de gratitude.

Quant à mes parents, ils sont très fiers de me voir ainsi accueillie par les grandes institutions de leur pays d'origine. Ils furent notamment particulièrement heureux en 2007 lorsque j'ai reçu, en récompense de mon investissement à la tête de l'orchestre algérien, le « premier prix de musique du président de la République algérienne », considéré comme la plus haute distinction musicale du pays.

Parallèlement aux concerts donnés dans les grandes salles de la capitale, je me suis produite, en trois ans, dans une vingtaine de villes, en dehors d'Alger. J'ai dirigé différents programmes de musique symphonique et lyrique mais également des œuvres du patrimoine musical classique algérien et arabo-andalou. Celles-ci, arrangées pour un orchestre symphonique par des compositeurs algériens, associaient les instruments de l'orchestre aux instruments traditionnels.

Car mon objectif n'était pas de diriger seulement à Alger, pour un public de diplomates, de connaisseurs ou de chefs d'entreprise, mais aussi de toucher des publics populaires, des gens qui n'avaient peut-être jamais assisté à un concert. Je suis ainsi allée dans des endroits où aucun concert de musique classique n'avait eu lieu depuis l'indépendance, en 1962 ! Mon but ? Il est semblable à celui que je poursuis en France : promouvoir la musique classique et la culture, facteurs selon moi de construction, d'enrichissement et d'épanouissement de l'individu.

Il y a quelque temps, à l'occasion de la fête nationale du 1er novembre, date anniversaire de la révolution algérienne, je suis allée diriger un concert à

Bechar. La ville se trouve aux portes du Sahara, près de la frontière marocaine, dans cette région où les Touaregs se sédentarisent. Là, une partie du public est venue en tenue traditionnelle bédouine, pieds nus pour certains. Cela me changeait du tout au tout de mon public habituel. J'ai dirigé ce jour-là de la musique traditionnelle, mais également la *Danse bacchanale* de Saint-Saëns ainsi que des extraits de *Carmina burana* de Carl Orff, avec des textes en arabe, de teneur patriotique pour la circonstance.

Autre ville, autre anecdote. À Tizi Ouzou, en pleine Kabylie, je m'étonnais que le concert soit programmé si tôt dans l'après-midi quand le responsable de la maison de la culture m'a expliqué que c'était pour permettre ensuite aux gens de regagner leur village avant la nuit : ils descendaient de la montagne pour venir m'écouter ! Certains ont ainsi parcouru des kilomètres pour entendre le *Concerto pour violoncelle* de Haydn ou encore des extraits de *L'Enlèvement au sérail* de Mozart…

Parfois, j'arrivais sur le lieu du concert et je m'installais dans ma loge après avoir constaté qu'il n'y avait pas grand monde à l'entrée de la salle. Et soudain, les gens venaient de partout.

Je ne savais pas d'où il sortait, mais le public était là.

Pour certains, je représente leur premier contact avec la musique. C'est très émouvant pour moi, surtout lorsque je vois les sensations qu'elle leur procure et combien ils sont émus par les œuvres. Car les spectateurs manifestent leur joie : dès qu'ils se sentent transportés par la musique, ils applaudissent. Souvent, en Algérie, le public ne réagit pas comme en Europe, dont il ignore les codes, comme celui de ne pas applaudir entre les mouvements.

Le rapport médiatique à la musique classique est également très différent de celui existant en France. En Algérie, je suis invitée à la radio dans des émissions grand public s'adressant à la jeunesse et des extraits de mes concerts sont retransmis l'après-midi à la télévision. Dans la rue, il est très fréquent que l'on me reconnaisse (en France qui reconnaît un chef d'orchestre ?). Lorsque j'ai donné un concert en présence du président de la République, Abdelaziz Bouteflika, j'ai été ovationnée et les gens m'attendaient à la sortie. Il y avait tellement de monde que mon frère, venu avec mes parents et mon mari pour assister à ce grand moment, a dû m'escorter jusqu'à la voiture. Là-bas, il m'est arrivé d'être obligée de filer par une porte dérobée pour éviter de passer des heures à signer des autographes, à être prise en photo par des spectateurs enthousiastes.

Je mesure ma chance d'avoir étudié la musique en France et d'avoir été confrontée à un niveau international dans ce milieu difficile, celui que les Algériens appellent « la musique classique universelle ». Du fait de leur histoire et des événements politiques qui les ont longtemps empêchés de voyager hors de leurs frontières, il manque aux jeunes artistes algériens la confrontation avec d'autres artistes, afin de nourrir leur expérience. Et même si cela s'est amélioré, les visas sont toujours compliqués à obtenir. Or les musiciens algériens ne peuvent pas se contenter de jouer la *Cinquième Symphonie* de Beethoven avec moi ; ils ont aussi, et surtout, besoin de sortir de leur pays pour se frotter aux autres, même s'ils ne possèdent pas encore la pratique des orchestres européens. Formés pour certains en France et pour d'autres en Russie, les musiciens algériens composent un orchestre dont le potentiel est fort mais l'expérience, parfois encore fragile. Participer à cette étape de l'évolution de cet orchestre est pour moi très intéressant et les objectifs à relever, ambitieux.

Je peux témoigner en tout cas que l'Algérie met en place une politique culturelle engagée et volontariste, désireuse de s'ouvrir au monde. En trois ans seulement, j'ai eu l'occasion de participer à des événements internationaux de grande envergure, tels que « Alger, capitale de la culture arabe » en 2007, ou le « premier festival international de musique symphonique d'Algérie » en 2009. En juillet 2009, j'ai eu l'immense plaisir et l'honneur de diriger un des grands concerts de la programmation du « Festival culturel panafricain », qui a réuni des délégations d'artistes représentant tous les arts et tous les pays africains. L'Algérie tout entière vivait au rythme de l'Afrique au travers de concerts, spectacles, représentations théâtrales ou cinématographiques. Pendant un mois, des artistes issus de toute l'Afrique sont venus se produire en Algérie. La première édition avait eu lieu en 1969, mes parents m'en avaient parlé, et voilà que je participais à la deuxième édition en tant que chef d'orchestre ! J'ai dirigé un spectacle associant musiciens, chanteurs, danseurs. L'orchestre était constitué de l'Orchestre symphonique national d'Algérie et de nombreux autres musiciens classiques ou traditionnels, originaires des pays d'Afrique. Nous avons joué des musiques traditionnelles de ce continent et des œuvres de compositeurs africains pour orchestre, chœur et ballet. Les chœurs de l'Orchestre symphonique national, le Ballet national ainsi que des chanteurs solistes africains se sont produits à mes côtés. Ce fut une expérience artistique et humaine inoubliable.

Je suis heureuse de participer à la création de passerelles entre la France et l'Algérie, deux pays qui ont une histoire commune compliquée. À travers la musique, des personnes se réunissent qui n'auraient pas pu le faire en d'autres circonstances. Sur scène, entre artistes, la vie est souvent plus simple que ne le laissent parfois entendre les relations politiques et diplomatiques entre les pays.

Je me nourris moi-même de mes deux nationalités et de mes deux cultures. J'utilise également cette richesse pour porter des projets de coopération artistique et culturelle entre la France et l'Algérie : entre les deux orchestres d'une part (depuis 2008, Divertimento est partenaire artistique de l'Orchestre symphonique national d'Algérie), mais aussi en mettant en place des échanges pédagogiques entre les conservatoires des deux pays. Car, si l'on veut permettre l'accès à la culture et à l'enseignement au quotidien, il faut investir dans des projets durables, comme le développement des conservatoires en Algérie, et relier l'activité artistique du pays à de véritables enjeux d'éducation artistique. Il est donc important de développer également les bibliothèques, les musées, les écoles de musique… Ce sont les mêmes valeurs qui me tiennent à cœur en France.

Les projets de coopération artistique entre la France et l'Algérie favorisent la création d'un pont entre ces deux pays. La musique, et plus généralement l'art et la culture, créent un lien fort entre ces deux nations que l'Histoire a beaucoup marquées. À deux années de la commémoration des cinquante ans de l'indépendance de l'Algérie, je suis très heureuse de réunir des musiciens algériens et français, et parfois même leurs dirigeants, sur des projets artistiques ambitieux. Jusque dans les moments les plus tendus diplomatiquement, j'ai continué à croire en ce pont entre les deux rives de la Méditerranée et à me battre pour convaincre les autorités des deux pays de s'unir autour de la musique. Le 28 octobre 2010, l'Orchestre symphonique

Divertimento et l'Orchestre symphonique national d'Algérie se produiront ensemble au théâtre national d'Alger. C'est un lieu symbolique à mes yeux, puisque le compositeur Camille Saint-Saëns s'y est produit et est mort à quelques mètres de là. Saint-Saëns qui, un siècle auparavant, s'est nourri des richesses musicales des deux pays pour écrire quelques pages musicales marquantes, comme la *Suite algérienne*, ou s'inspirer du folklore nord-africain dans son opéra *Samson et Dalila*.

Ce concert permettra de réunir sur scène cent trente musiciens issus des deux formations symphoniques que je dirige, autour d'un programme rendant hommage à des compositeurs issus de pays de la Méditerranée : Manuel de Falla, Maurice Ravel, Camille Saint-Saëns, Niccolo Paganini, Salim Dada (compositeur algérien), et une œuvre de musique traditionnelle algérienne. J'espère qu'il augurera d'un grand avenir de relations « musicales et symphoniques » riches entre ces deux pays dont je suis issue, avec fierté.

13

Le musicien d'orchestre : un métier à part entière

Que ce soit au cœur même de l'orchestre ou à l'égard du public, la musique est un partage. J'accorde personnellement beaucoup d'importance à la pratique collective que je place, dans mon école de musique à Stains, au centre de l'enseignement. Ce qu'on appelle « pratique collective » correspond, dans le milieu musical, à un apprentissage de groupe à travers des ensembles instrumentaux ou vocaux au sein d'un orchestre, ou un ballet pour la danse. Certes, il est nécessaire que les élèves apprennent à jouer de leur instrument, et leur rapport individuel avec leur professeur durant le cours est un moment d'échange précieux. Ils y acquièrent notamment les outils et les connaissances nécessaires à la maîtrise de leur instrument. Mais on dédaigne encore trop souvent la pratique collective dans certains établissements.

Elle est même parfois dénigrée, car certains professeurs privilégient franchement la pratique de l'instrument, sans se préoccuper de ce que le métier de musicien d'orchestre exige comme qualités spécifiques. Je me souviens avoir bataillé au conservatoire parisien où je travaillais avec certains professeurs pour qu'ils envoient leurs élèves à l'orchestre. Ils estimaient que c'était une perte de temps ! Dans notre pays, on sélectionne essentiellement les futurs musiciens d'orchestre sur des critères individuels de virtuosité technique. Évidemment, ceux-ci sont primordiaux, mais le métier de musicien d'orchestre, ou la fonction pour ceux qui n'en font pas leur métier, exige des qualités musicales et d'écoute spécifiques au jeu en groupe. Aujourd'hui, un musicien sera pris dans un orchestre français parce qu'il est bon soliste. Or, à mon sens, un orchestre n'est pas une addition de solistes. Pour prendre un parallèle avec le sport, c'est un peu comme si on constituait une équipe de football uniquement avec des attaquants. Ce n'est pas possible. Une équipe a besoin d'attaquants, dont la spécialité est de marquer des buts, mais aussi de défenseurs, de milieux de terrain, de récupérateurs et d'un gardien. Une équipe se forme sur les compétences et les caractéristiques de chacun des joueurs. Dans un groupe, chacun remplit un rôle, différent de celui de son voisin. Et l'efficacité de l'ensemble dépend du placement de chacun au bon endroit.

J'ai toujours pensé que le monde du sport et celui de la musique ont des points communs. Les enjeux à relever et les objectifs à atteindre exigent de travailler dur. En voyant mon frère se préparer à ses compétitions de haut niveau en triathlon, j'ai pu attester de nombreuses fois que nous sommes soumis aux mêmes règles. Pratiquer un sport de haut niveau ou de la musique à un niveau professionnel requiert de travailler quotidiennement, de s'astreindre à une discipline et d'avoir confiance en soi.

J'ai moi-même pratiqué, plus jeune, la natation et le tennis à un niveau assez avancé. Je m'astreins à présent à pratiquer la natation régulièrement afin de maintenir une condition physique qui me permette d'avoir la forme et l'endurance nécessaires pour diriger. Quand mon emploi du temps me l'autorise, j'aime par ailleurs regarder certains matchs de football. Ne croyez pas que je m'égare en parlant de football, mais je retrouve dans ce sport certaines similitudes dont je parlais plus haut : une bonne équipe trouve son harmonie dans un jeu collectif de qualité. Pendant la saison 2008-2009, j'étais une supportrice de l'équipe de football de l'AS Nancy Lorraine, bien que je n'aie aucune racine dans cette région. À cette époque, l'entraîneur avait décidé de reconduire la même équipe que la saison précédente, sans faire appel à de nouvelles recrues, comme c'est souvent le cas pendant les périodes de mercato. Il faisait confiance à de jeunes hommes qui n'étaient pas des footballeurs de grand renom, mais dont l'investissement et l'intérêt pour le jeu collectif faisaient la richesse de l'équipe. Je l'avais entendu, dans une interview, miser ainsi sur le travail collectif entrepris depuis plusieurs mois, et son discours faisait écho en moi. Il me semblait retrouver de grandes similitudes avec le développement de l'Orchestre symphonique Divertimento. Chacun des musiciens pris à part n'est peut-être pas le plus renommé dans son instrument, mais l'exercice collectif de nombreuses années, l'investissement et la précision du travail finissent par porter leurs fruits. La confiance dans le groupe fait accomplir de grandes choses.

Dans un orchestre, on ne cherche pas à obtenir une multiplicité de sons individuels mais un son collectif. Le musicien d'orchestre doit donc être capable de rester à l'écoute de ce qui se passe autour de lui, de garder le contact avec le chef d'orchestre et d'avoir une conscience collective de l'œuvre. Il doit prendre en compte des critères particuliers ; par exemple, selon qu'il se trouve au premier rang ou dans le fond, il va gérer différemment la vitesse du son, qui dépend non seulement de l'instrument lui-même mais aussi de sa situation géographique dans l'orchestre. Même si cela s'évalue en centièmes ou millièmes de seconde, le son des cuivres placés au fond mettra plus de temps à me parvenir que celui des cordes qui se trouvent juste devant moi. Les cuivres devront donc anticiper leurs interventions afin de les coordonner avec celles des autres instruments. Être musicien d'orchestre est un métier à part entière.

Ainsi, un musicien qui joue très bien un concerto en solo ne sera peut-être pas un bon musicien d'orchestre ! De même, il peut arriver que des instrumentistes, qui ne sont pas reconnus comme de très grands solistes, fassent des musiciens d'orchestre très fiables. Hélas, ceux-là ne trouvent pas de place dans les « grands » orchestres car ils ne correspondent pas au profil attendu aux concours. Ce que je viens d'énoncer est surtout valable pour les musiciens « tuttistes » ; c'est bien entendu un peu différent pour les chefs de pupitre, qui passent d'ailleurs un concours spécifique, car ils doivent être très sûrs techniquement et faire preuve d'un tempérament de soliste puisqu'ils seront amenés à jouer en solo.

Actuellement, dans les conservatoires français, il n'existe pas beaucoup de formations cohérentes au métier de musicien d'orchestre. Seuls quelques-uns se sont lancés dans cette démarche mais, malheureusement, le cursus n'est pas encore bien reconnu. Typiquement, dans les conservatoires, on forme essentiellement à la maîtrise de l'instrument et à son perfectionnement sur des répertoires solistes, comme les concertos et les sonates. C'est évidemment essentiel, mais on ne doit pas se cantonner à cela. Dans certains conservatoires allemands ou anglo-saxons, l'apprentissage du jeu en orchestre est placé davantage au centre de la formation. Concernant le recrutement, je trouve quelques-unes de leurs méthodes plus intéressantes que les nôtres. Outre-Rhin par exemple, en plus d'une épreuve instrumentale qui ressemble à l'épreuve française, ils intègrent les candidats dans un orchestre durant deux à trois mois pour voir si, musicalement et humainement, ceux-ci sont faits pour ça.

Pour ma part, je fonctionne un peu sur ce principe. J'invite les musiciens que j'ai repérés ou auditionnés à venir jouer dans mon orchestre. Au bout de plusieurs répétitions et concerts, je sais s'ils peuvent faire partie intégrante de celui-ci, ou pas. J'accorde autant d'importance à leur comportement au sein de l'orchestre, à leur capacité de concentration, à leur investissement et à l'énergie qu'ils apportent qu'à leurs qualités techniques. J'ai ainsi créé, au sein de l'académie Divertimento, la possibilité pour de jeunes instrumentistes de venir se former au métier de musicien d'orchestre. Ils acquièrent ainsi de l'expérience au sein d'un ensemble professionnel, en étant encadrés par des musiciens dont c'est le métier.

C'est pourquoi, pour en revenir à l'enseignement, je considère la classe d'orchestre comme centrale, car elle permet à l'élève de mettre ses compétences individuelles au service d'une pratique collective. Et dans notre société, où chacun se replie sur soi et se protège, il me semble fondamental de transmettre, à travers la musique, des valeurs artistiques mais également éducatives, en permettant aux enfants de comprendre l'importance de l'écoute, du vivre ensemble, du respect mutuel. C'est une façon de leur montrer que les projets collectifs ne peuvent exister et se développer que si chacun s'y investit et respecte l'autre.

En ce sens, il existe une véritable alchimie entre le projet de l'école de musique et l'orchestre Divertimento (ce qui ne les empêche pas de rester bien lisibles et tout à fait dissociés). Car non seulement plusieurs professeurs dynamiques ont rejoint l'orchestre dès son arrivée à Stains, mais Divertimento permet aussi aux élèves de se familiariser avec la vie et le fonctionnement d'un véritable ensemble symphonique. C'est important, car ces élèves jouent eux-mêmes dans des orchestres créés au sein de l'école et ils connaissent déjà, à leur niveau, la joie de partager la musique mais aussi ses difficultés.

Nombreux étaient les élèves qui n'avaient jamais vu d'orchestre symphonique en concert. À l'auditorium de leur école, ils découvrent non seulement leur professeur comme artiste et non comme simple pédagogue, mais également un répertoire, un monde, une énergie qui les fascinent.

Récemment, j'ai entendu des élèves de l'école de musique discuter avec des personnes du public venues assister à un concert. Ils les encourageaient à rejoindre le groupe « Fan de Divertimento » sur Facebook. Cela m'a fait rire et aussi fait très plaisir ; ils n'étaient pas uniquement des élèves mais aussi des spectateurs qui avaient fait une place dans leur vie à l'orchestre Divertimento.

D'autres encore s'échangent sur les MP3 les œuvres au programme de l'auditorium. Certains Stanois, après le concert de Divertimento à la prestigieuse salle de concert de la Cité de la Musique, sont allés plus tard visiter le musée, parce qu'ils avaient découvert ce lieu à cette occasion et avaient eu envie d'y retourner.

Depuis 2004, année où j'ai été nommée directrice de l'École de musique et de danse de Stains, je prends un grand plaisir au travail pédagogique mené dans ce lieu, que je trouve extrêmement riche et vivant. Car il est aussi un lieu de rencontre entre des populations parfois très différentes au cœur d'une même ville. À Stains, comme dans toutes les villes de banlieue, les habitants des quartiers populaires en HLM et ceux des zones pavillonnaires, moins denses, ne se croisent pas souvent. C'est dommage, mais il n'y a pas beaucoup d'endroits ou de moments propices aux échanges : ils n'arpentent pas les mêmes rues, leurs enfants ne fréquentent pas les mêmes écoles. Seul un lieu comme l'École de musique et de danse, accessible à tous, peut permettre cette rencontre, si précieuse à mes yeux.

14

Le sens de l'effort

Mettez des adolescents face à un orchestre qui envoie toute son énergie, et vous verrez : ils seront scotchés. Niveau puissance, cela n'a rien à envier aux milliers de watts dégagés par un concert de rock ! Rien de tel que le contact direct avec la musique classique. C'est pourquoi je fais régulièrement venir des enfants et des jeunes au concert, pour leur faire découvrir ce qu'est un orchestre symphonique.

Depuis que j'occupe le poste de directrice, je me bats pour sensibiliser tous les publics à la musique classique et pour former les jeunes Stanois aux activités artistiques. Et cela porte ses fruits : en quelques années, l'école de musique a vu ses effectifs plus que doubler. Une politique forte des élus de la ville ainsi qu'un investissement de l'équipe, pédagogique comme administrative, y sont bien sûr pour beaucoup.

La gestion d'un établissement comme l'École de musique et de danse de Stains est à la fois intéressante, ambitieuse mais également délicate. Il faut parvenir à réunir des personnes très diverses et les fédérer autour d'un projet regroupant des disciplines qui réclament des organisations très différentes. En effet, la gestion de l'école de musique, c'est à la fois : mener les activités pédagogiques, les actions de sensibilisation, organiser les concerts de l'auditorium, piloter le festival « Classiq' à Stains » et assurer le lien avec les différentes compagnies en résidence. Toutes ces activités demandent évidemment beaucoup de disponibilité, d'organisation et de pertinence pour réunir l'ensemble dans un projet global et cohérent.

En 2009, avec l'équipe des professeurs, nous avons mis en place un nouveau projet, une « classe musicale », en partenariat avec l'un des collèges de la ville, le collège Pablo-Neruda, qui propose ainsi une classe de « sixième musicale », aux horaires aménagés, destinée à encourager l'épanouissement et la réussite scolaire des enfants par la pratique musicale. Cette classe s'adresse à la fois aux enfants pratiquant déjà la musique et souhaitant s'y investir davantage mais également aux débutants. Une après-midi par semaine est dégagée pour permettre aux élèves de suivre certains de leurs cours d'instrument mais aussi de participer à des ateliers apportant des connaissances musicales et artistiques. Fondamentale à mon sens, la culture générale musicale est favorisée tout au long de l'année à travers des rencontres avec des artistes, des « master class », des sorties au concert et au musée, l'étude de l'acoustique et de la lutherie, des cours d'esthétique musicale, d'informatique, etc.

Les élèves ont le choix de pratiquer l'instrument d'orchestre qui les attire le plus : violon, alto, violoncelle, contrebasse, pour les cordes ; flûte traversière, hautbois, clarinette, basson, saxophone, pour les bois ; trompette, cor, trombone, tuba pour les cuivres ; et les percussions.

Je me souviens du début de cette expérience, et combien ma première impression m'avait refroidie. Je devais accueillir cette fameuse classe de sixième musicale et là, j'arrive devant une quinzaine d'enfants débordants d'énergie mais absolument pas respectueux des règles de vie en collectivité. Ils ne s'écoutent pas, ne demandent pas la permission avant de prendre la parole. Ils sont contents du projet, mais pas vraiment conscients de ce que cela représente. Des gamins pas méchants, mais pas faciles. En les regardant agir, je les trouve à l'image de la société de consommation actuelle : on ne s'écoute pas, et dès qu'il y a un effort à fournir, on râle ou on zappe. À la fin de la première séance, j'étais ébranlée car je ne trouvais pas cela concluant de tout. J'avais l'impression que les valeurs auxquelles je croyais étaient remises en question. Et si la musique n'agissait finalement pas autant que je le pensais sur les individus ? Je n'aurais pas dû dresser de constat si vite, moi qui sais pertinemment combien l'apprentissage d'un art exige de temps et de patience.

À la deuxième séance, je décide de leur parler. Je leur explique que ce projet de classe musicale va leur permettre de valoriser l'image qu'ils offrent aux autres. On ne les remarquera plus parce qu'ils sont agressifs ou qu'ils font les imbéciles mais parce qu'ils font de la musique et, grâce à cela, on portera un regard positif sur eux. Je leur parle à cœur ouvert. Moi aussi, j'ai grandi dans une cité de banlieue, moi aussi je suis fille d'immigrés, issue d'une famille modeste ; j'ai le même parcours qu'eux, et je sais que ce n'est pas facile de réussir. Mais si, en plus, ils ne travaillent pas à l'école, s'ils restent ignorants, alors là, ils n'auront pas le choix de leur vie. Ce seront les autres qui décideront pour eux.

Quelques jours plus tard, un professeur me dit qu'ils se sont montrés plus attentifs et, dans le couloir, j'ai même entendu une élève reprendre une de ses copines en utilisant les termes mêmes de mon discours.

Si j'arrivais seulement à leur faire passer ce message-là : que l'instruction est primordiale pour la réussite personnelle ! Car, lorsque je regarde mon passé, je peux remercier mes parents de m'avoir offert une éducation intellectuellement riche, en m'emmenant régulièrement au concert, au théâtre et au musée, mais aussi très exigeante. Impossible de rester cinq minutes les bras ballants dans l'appartement sans entendre : « Tu as fini tes devoirs ? » ou « Tu as travaillé ta guitare ? »... Ils me disent de profiter de la vie depuis peu. Même si j'admets que les espoirs que mes parents plaçaient en nous étaient un peu lourds à porter et que, dans mon enfance, j'ai parfois eu l'impression d'être otage du fait qu'ils n'avaient pas, eux, fait tout ce qu'ils voulaient, je leur dois de m'avoir transmis le sens de l'effort. C'est ce qui m'a permis de réussir, dans ma scolarité comme dans la musique. Mes parents m'ont appris que, pour atteindre son objectif, on ne peut compter que sur soi, sa propre volonté et son travail. Ce dernier est pour moi un principe fondamental en musique.

La pratique musicale est parfois un remède au manque d'attention vécu par certains enfants à l'école ou dans leur famille. Je me souviens d'un petit garçon d'une dizaine d'années que j'avais en cours au conservatoire de Gournay-sur-Marne. Je lui enseignais la guitare classique. Cet enfant était très attachant. Il voulait vraiment y arriver et il travaillait pour cela, mais je me suis vite aperçue qu'il avait surtout un grand besoin d'être écouté, car il se sentait seul dans une famille qui lui accordait trop peu d'attention. Je peux citer de nombreux exemples d'enfants ou de jeunes en proie à des difficultés, parfois graves, dont les parents n'avaient pas toujours conscience, et que la musique ou la danse ont incontestablement aidés.

Certains enfants n'ont pas, ou peu, de rapport individuel à l'adulte, que ce soit dans leur famille ou avec leurs professeurs, et ils le découvrent à l'école de musique. C'est parfois là qu'ils trouvent leur place, tout en apprenant à respecter les règles de vie en collectivité.

Le travail d'un enseignant en école de musique n'est évidemment pas celui d'un éducateur ou d'une assistante sociale. Toutefois, sa position lui permet une écoute et une attention parfois très réconfortantes.

À l'école, j'essaie d'instaurer un dialogue entre tous : les professeurs, les parents, les élèves. Les parents désireux de partager la musique avec leurs enfants, et éventuellement de les accompagner dans leur apprentissage, je les encourage à intégrer les cours de formation musicale pour adultes. Les « ateliers de soutien à l'autonomie » aident les élèves qui traversent des difficultés, parfois simplement transitoires. Ils leur permettent d'avoir un contact en tête à tête avec un professeur pendant un temps donné et de reprendre goût au travail régulier de leur instrument. Et si un élève ne se présente pas aux cours régulièrement, sans raison, ou bien s'il ne travaille pas suffisamment, je rencontre les parents pour leur rappeler ce que nous attendons de leurs enfants mais aussi d'eux, car ils ont un rôle non négligeable à jouer. La musique permet à l'enfant d'être autonome dans son travail, avec son instrument… sauf qu'à huit ans, un enfant ne prendra pas de lui-même son violon pour en jouer à la maison. Or, la pratique quotidienne est très importante ; c'est elle qui conditionne la réussite. L'accompagnement des parents est donc nécessaire et la fameuse phrase : « N'oublie pas ton instrument », indispensable !

Le travail de directrice de l'École de musique et de danse, je l'apprécie aussi pour la proximité qu'il crée avec les familles, les enfants, les parents, les professeurs, les élus. Je me tiens au courant de la situation des familles et je connais les prénoms de presque tous les élèves. Cela est possible car cette école est, avec ses cinq cents élèves, de taille relativement modeste. Mais si on me proposait demain la direction d'un établissement de mille deux cents élèves, je ne pense pas que cette proximité serait possible et, pour cette raison, je ne suis pas sûre que cela m'intéresserait.

Le conservatoire est une chance formidable pour un enfant, qui peut y suivre une scolarité complète. En trois périodes de quatre ans, chacune appelée « cycle », un élève peut suivre, à Stains, un cursus complet de musique de douze ans. Ensuite, s'il le souhaite et s'il en a les capacités, il pourra s'orienter vers une formation préprofessionnelle. Le premier cycle est consacré à la découverte de la musique, le second à la consolidation des acquis en vue d'une certaine autonomie et le troisième prépare au certificat de fin d'études musicales. Pour les plus jeunes, le cursus d'études peut être précédé de deux années d'éveil musical, dès l'âge de cinq ans. Et, en souvenir de mes déboires de jeunesse, j'y ai toujours deux places disponibles au cas où des jumeaux se présenteraient ! Le cursus en danse classique est également organisé en trois cycles et se double d'une « formation musicale danseurs » obligatoire. Il est ouvert aux enfants de huit ans, mais dès six ans, on peut s'inscrire à l'initiation. L'ouverture à tous les publics et aux différents quartiers de la ville a été rendue possible grâce à une politique culturelle engagée. Ainsi, les tarifs des cours sont fonction des revenus de la famille ou de l'élève adulte, soit entre quarante et deux cent cinquante euros par an, ce qui est très abordable. De même, le parc instrumental de l'école de musique a beaucoup été enrichi afin de mettre des instruments à disposition, sous forme de location à un prix modique. Chacun peut ainsi choisir l'instrument qui lui plaît ; aucun critère d'ordre économique ne l'en empêche.

Souvent l'image traditionnelle que l'on se fait d'un conservatoire est austère : des professeurs râleurs et exigeants, un solfège qui ne se laisse pas approcher aisément et des heures et des heures de travail pour arriver à tirer quelque mélodie convenable de son instrument. Certes, être musicien réclame un travail assidu, mais celui-ci ne doit pas être forcément rebutant. La musique, c'est aussi l'envie de jouer et le plaisir de partager avec d'autres musiciens. C'est pourquoi, pour garder vivant ce désir, rien ne vaut des projets qui fédèrent.

L'un d'entre eux m'avait particulièrement demandé du temps et de l'énergie. Il s'agissait d'un spectacle réunissant près de trois cents musiciens, danseurs, chanteurs et comédiens : « Il était une fois Mozart ».

15

« Il était une fois Mozart »

Cette année-là, en 2006, on célébrait un peu partout le 250e anniversaire de la naissance de Wolfgang Amadeus Mozart. Depuis plusieurs mois, les projets fleurissaient, au sein de l'école de musique et avec l'orchestre Divertimento. Proposer une énième version du *Requiem* n'ayant pas grand intérêt à mes yeux, j'ai eu envie de raconter la vie de cet homme, autour d'une démarche pédagogique et éducative, en associant dans un même spectacle différents acteurs culturels de la ville, amateurs et professionnels, de tous les âges et de tous les genres. Je suis partie du constat que si tout le monde connaissait Mozart de nom, on ne savait pas au juste qui il était.

En faisant le point sur les différents partenariats que j'entretenais, je me suis aperçue qu'ils étaient nombreux à vouloir être partie prenante du projet. Réunir tout ce monde autour de « Mozart » ? C'était ambitieux, mais cela me plaisait de réaliser un projet artistique de ce type, à la fois intergénérationnel et interdisciplinaire. Plusieurs ensembles ont donc participé : la chorale d'enfants, le ballet classique, les orchestres, les ensembles de violoncelles et de flûtes à bec de l'école de musique, la chorale des retraités de Stains, l'Orchestre symphonique Divertimento, le ballet classique, l'atelier de danse orientale et l'atelier de danse hip-hop du service Jeunesse de la ville, la compagnie d'art lyrique « Le Carrosse d'or » en résidence artistique à Stains, quelques chanteurs lyriques et un comédien… Trois cents personnes en tout!

Une fois le projet écrit, je le présente aux élus et à la direction générale de la ville qui l'acceptent avec beaucoup d'enthousiasme. Il fallut ensuite trouver des financements qui accompagneraient ceux de la ville, déjà importants, mais tout de même insuffisants pour un projet de cette ampleur. Ce fut fait à travers un financement de l'État, porté par la Politique de la ville.

Tout était réuni pour s'engager dans cette belle aventure.

J'avais écrit moi-même le texte et la mise en scène. Deux professeurs de l'École de musique et de danse de Stains, ma sœur Fettouma en charge de la classe de violoncelle, et le professeur de danse classique, m'ont beaucoup accompagnée dans la réalisation de ce projet. Ancien danseur de l'Opéra de Paris, Philippe Gerbet m'a aidée, grâce à sa riche expérience de la scène, à affiner de nombreux détails dans la mise en scène, a conçu la chorégraphie des ballets classiques et assuré les liens avec les troupes de danse orientale et danse hip-hop. Le spectacle s'articulait autour de différents tableaux musicaux mêlant théâtre, musique et danse, reliés par un récit sur la vie du compositeur, lu par un comédien. L'orchestre Divertimento servait de fil conducteur musical tout au long de l'œuvre et j'avais prévu que l'ensemble des extraits musicaux représente un panel des différents genres pratiqués par Mozart : le concerto, la symphonie, l'opéra, la musique de chambre, la musique sacrée et la sonate pour piano. Cette première étape, l'écriture, n'a pas été très facile. Il me fallait prendre en compte plusieurs aspects, pas toujours simples à coordonner. Car, même si le théâtre Paul-Eluard de Stains offre de grandes possibilités, un vaste plateau scénique et une fosse pour l'orchestre, il était impossible d'enchaîner un tableau musical comprenant cinquante danseurs avec un autre intégrant tous les choristes, sans compter les décors à poser. Il a fallu penser à tout : la circulation dans les coulisses, les changements de plateau, les déplacements sur scène. Il fallait tenir compte de tout le monde, comme des personnes âgées de la chorale des retraités et de leur difficulté à se déplacer. Je voulais que tout s'enchaîne de façon fluide et que cela ne fasse surtout pas « spectacle de kermesse ». Mon objectif était qu'au final, on ne distingue plus l'amateur du professionnel, mais que la musique de Mozart soit jouée avec le plus grand respect, tout en suivant la chronologie de sa vie.

Pour rassembler tout le monde, j'ai pris quelques libertés. Sur certains tableaux, j'ai ainsi fait des arrangements afin les ensembles de violoncelles et de flûtes à bec, très investis dans la vie de l'école, puissent participer au spectacle (Mozart n'a pas écrit pour la flûte à bec). De même, pour permettre aux orchestres d'élèves de jouer, certaines œuvres ont été simplifiées et adaptées à leur niveau. Je revendique ce choix, tout comme celui d'avoir associé des esthétiques chorégraphiques différentes sur la musique de Mozart, par exemple en mêlant musique classique et musique électronique. Car pour moi, la musique classique est éminemment moderne et on peut tout à fait la marier avec des genres contemporains. En pensant à l'atelier de danse orientale, je m'étais inspirée, avec l'intervenant de ce groupe, de *Mozart l'Égyptien* (une composition contemporaine d'Hugues de Courson mêlant la musique classique à des chants égyptiens). Pour la danse hip-hop, les danseuses évoluaient sur une sérénade de Mozart jouée par l'orchestre Divertimento, puis elles finissaient leur tableau sur une musique électronique mixée sur un thème de Mozart. Le groupe de hip-hop (uniquement composé de filles) avait beaucoup travaillé sur ce projet. Elles avaient écouté avec une grande attention tous les disques que je leur avais passés, afin de choisir la musique sur laquelle elles souhaitaient danser. J'ai été surprise par leur décision ; elles avaient retenu une sérénade, un mouvement lent et doux. Je ne m'attendais pas à ce choix, très pertinent d'ailleurs.

Trois cents personnes sur un spectacle, c'est un sacré challenge, surtout en associant des professionnels et des amateurs. Chacun travaillait à son rythme, mais c'était tellement intéressant ! Chaque personne apportait sa pierre à l'édifice et le projet a fédéré beaucoup de gens différents qui, sans cela, n'auraient jamais eu l'idée de travailler ensemble. Au sous-sol, dans les loges, avant le spectacle, ou pendant une pause, tout le monde mangeait ensemble. Les danseuses hip-hop discutaient avec les chanteuses lyriques, les danseuses orientales et classiques avec les musiciens de l'orchestre, les personnes âgées parlaient avec le metteur en scène. Je me souviens de cette image, frappante et drôle, à la fin du spectacle, du professeur de hip-hop, un grand Noir tout en muscles, et de la femme professeur de flûte à bec, toute fine, venant saluer ensemble. Le contraste entre eux deux était extraordinaire à voir ! Mozart enfant était joué par un jeune pianiste asiatique très sérieux de l'école de musique. Ce mélange de gens et de genres était beau à regarder et je crois que chacun est sorti grandi de cette rencontre humaine et artistique.

En tout cas, tout le monde y mettait du sien et essayait de faire de son mieux. Moi aussi d'ailleurs, avec le faible budget qui m'était imparti. Comme les financements dont nous disposions ne suffisaient pas pour couvrir les besoins, importants compte tenu du nombre de participants, du coût des décors, des moyens techniques à mettre en œuvre, des costumes, le système D fonctionnait à fond. Dans un extrait de l'opéra *Les Noces de Figaro*, je me rappelle ainsi avoir habillé les choristes représentant les paysans du temps de Mozart avec des tuniques indiennes dénichées sur un marché !

En tout, cela représenta un travail de dix-huit mois, d'une part parce que la musique de Mozart est très délicate à manier, et d'autre part parce que l'enjeu artistique était de taille. Il s'agissait à la fois de montrer la richesse culturelle de la ville mais aussi sa capacité à produire quelque chose digne de la musique de Mozart.

Le fameux jour de la représentation arrive. On est en juin 2006 au théâtre Paul-Eluard de Stains dont la jauge est de six cents places. Je n'en revenais pas : c'était archicomplet et les gens se battaient pour y assister. C'était extraordinaire. J'étais très émue de cela, comme de voir l'aboutissement de tout ce travail. Le résultat artistique était à la hauteur de mes exigences.

Le dernier tableau se terminait par le final d'un opéra et il y avait sur scène le ballet, les chanteurs, le comédien, toujours accompagnés par l'orchestre Divertimento en fosse. J'étais fière, chaque fois que nous jouions cette scène en répétition ou en concert, d'avoir pu réunir toutes ces personnes. C'était fabuleux. À la fin du spectacle, après les saluts des solistes, des ensembles, des professeurs et du metteur en scène, je me rends sur scène pour saluer, comme le chef d'orchestre a coutume de le faire. Tous les participants étaient sur scène, l'orchestre en fosse et tout ce public si heureux, si fier du résultat... J'étais très émue, tellement que j'en ai eu les larmes aux yeux.

Devant le succès obtenu, le maire de la ville m'a proposé de faire de ce spectacle le cadeau de la municipalité aux Stanois pour les vœux 2007. Quatre autres représentations ont ainsi été programmées, au long du mois de janvier. C'était au même endroit et, comme la première fois, toutes les représentations ont affiché complet.

Il n'y a pas de doute, la musique classique a sa place en banlieue !

« Il était une fois Mozart » est resté dans les esprits, et nombreux sont ceux qui m'en parlent encore. Dans la lignée du spectacle, quelques initiatives collectives ont vu le jour. Personnellement, ce travail m'a tellement plu, l'aventure humaine et artistique était si enrichissante, que j'ai en tête un autre spectacle du même genre.

Dans un autre registre, Stains accueille depuis 2008, durant plus d'une semaine, le festival des talents musicaux : « Classiq' à Stains ». L'objectif est toujours le même, promouvoir la musique classique auprès de tous les publics, en mettant régulièrement à l'honneur les talents locaux.

Le maire de Stains souhaitait que l'Orchestre symphonique Divertimento, parfait exemple des talents musicaux du territoire, soit programmé à l'ouverture du festival. J'avais proposé comme thématique un hommage au violoncelle, instrument qui fut mis à l'honneur dans les différents concerts de musique classique, de musiques du monde et durant le célèbre spectacle de théâtre musical « Duel », au succès international.

Avec l'Orchestre symphonique Divertimento, nous avions donc décliné un programme original autour du violoncelle. À l'initiative de ma sœur Fettouma, violoncelle solo, un octuor de violoncelles de l'orchestre avait joué en introduction des extraits de la comédie *West Side Story*, arrangée pour cette formation, en y associant le soliste Raphaël Pidoux. Le programme continuait avec le *Concerto pour deux violoncelles* de Vivaldi (avec en soliste Fettouma Ziouani et Laurent Cirade), l'ouverture de *Guillaume Tell*, dont l'introduction est écrite pour cinq violoncelles solo, et nous avions clôturé par le célèbre *Concerto pour violoncelle* de Dvorak, avec Raphaël Pidoux.

Ce programme remplissait parfaitement l'objectif du festival : réunir des talents locaux et y associer des solistes de renom. Un public nombreux, de Stains mais aussi du département et de Paris, s'était déplacé.

Parallèlement à la programmation tous publics, des concerts éducatifs étaient prévus pour le public scolaire. Lors de la deuxième édition, les enfants de Stains ont pu découvrir le *Quintette avec clarinette* de Mozart, le *Trio pour piano, violon et violoncelle n° 2* de Mendelssohn et le *Carnaval des animaux* de Camille Saint-Saëns. Enfin, parce que la musique est vivante, moderne, étonnante et inclassable, j'ai introduit dans la programmation des moments originaux, différents, comme le spectacle « Duel » pour la première édition du festival, et la deuxième année, l'ensemble « Quai n° 5 ». Formé de cinq musiciens, « Quai n° 5 » a surpris et amusé le public en cachant avec humour les œuvres de Bach ou de Chopin derrière des airs de salsa, de tango ou bien de blues.

Financièrement accessible à tous (prix d'entrée : six euros, trois dès le deuxième concert, gratuit pour les enfants de moins de douze ans et les élèves du conservatoire), « Classiq' à Stains » rencontre depuis deux ans un grand succès : 5 000 spectateurs se sont présentés dès la première édition.

On y vit même Mme la secrétaire d'État Fadela Amara. Intéressée depuis quelque temps par les différents projets que je menais à Stains et sur d'autres territoires susceptibles de bénéficier de la Politique de la ville, elle était venue assister au concert d'ouverture de cette première édition. Et celui-ci l'avait séduite. D'ailleurs, un an plus tard, elle m'invitait à parler de mon travail sur le plateau de l'émission « Vivement dimanche » de Michel Drucker. À cette occasion, j'ai dirigé l'Orchestre symphonique Divertimento, sur un extrait de l'ouverture de *Guillaume Tell*, que nous lui avions présenté un an plus tôt. Nous avons été regardés, ce 8 mars 2009, par des millions de téléspectateurs ! Il faudrait plus de cent ans de concerts pour réunir autant de monde, même dans les plus grandes salles ! Après notre passage, Michel Drucker, qui avait été également séduit par Divertimento, a décidé de rejoindre son comité de parrainage. Ce fut une très belle rencontre.

16

L'Orchestre des jeunes

Coup de téléphone, un matin. À l'autre bout du fil, Laurent Bayle. Je suis très surprise, j'hésite quelques secondes avant de me rendre à l'évidence… Oui, il s'agit bien du directeur de la Cité de la Musique et de la salle Pleyel, un homme très respecté et influent dans le monde de la musique. Depuis longtemps, j'aspirais à le rencontrer mais il est parfois difficile d'entrer en relation avec certaines personnes si l'on n'est pas associé à un réseau et si l'on ne connaît pas des gens bien placés dans le milieu culturel et musical. Laurent Bayle me contacte au sujet du projet DEMOS (Dispositif d'éducation musicale et orchestre à vocation sociale), en clair : l'Orchestre des jeunes. Initié en 2010 par le gouvernement, ce projet prévoit à travers une pratique en orchestre de rendre la musique classique accessible aux enfants des quartiers populaires de Paris et de sa proche banlieue.

Porté par le Conseil de la création artistique, et bénéficiant du soutien du secrétariat d'État chargé de la Politique de la ville, ce dispositif expérimental est mis en place pour quatre cent cinquante enfants d'Île-de-France, âgés de sept à douze ans, intégrés à des structures sociales et éducatives. Il s'étale sur un peu plus de deux ans, de janvier 2010 à juillet 2012. Chaque enfant dispose de son propre instrument de musique, suit quatre heures de cours par semaine hors temps scolaire, avec une priorité accordée à l'apprentissage en groupe, et bénéficie d'un enseignement dispensé par des musiciens professionnels.

Laurent Bayle me propose de m'y associer, arguant du fait que je suis l'une des rares personnes à concilier apprentissage sur ces territoires et exigence artistique. Ma double expérience de chef d'orchestre et de directrice de l'École de musique de Stains l'intéresse. L'Orchestre de Paris, également sollicité, est partie prenante du projet. Leurs musiciens, comme ceux de Divertimento, encadreront ces enfants, vierges de toute expérience musicale et à qui il faut tout apprendre.

Cette idée d'un Orchestre des jeunes ne sort pas de nulle part : elle est directement inspirée de l'Orchestre des jeunes du Venezuela, expérience largement médiatisée grâce à son jeune chef, Gustavo Dudamel. J'ai d'ailleurs toujours été étonnée de constater qu'en France, on connaît davantage l'Orchestre des jeunes du Venezuela, qui se trouve à huit mille kilomètres d'ici, que le travail accompli en banlieue, comme celui que je mène, moi qui suis installée à dix minutes en voiture de Paris et poursuis des projets similaires avec les enfants de l'École de musique et de danse de Stains et l'Orchestre symphonique Divertimento. On parle beaucoup de la culture en banlieue et de la culture dans les écoles, mais sans s'intéresser suffisamment à ce qui existe dans notre pays. Car, en dehors des élus de Stains et de sa circonscription, les responsables politiques et institutionnels ne viennent pas en banlieue écouter les concerts ou constater les actions menées. La « barrière » du périphérique parisien dont les politiques parlent si souvent est encore bien trop présente, trop pesante. On parle beaucoup en ce moment du projet de Grand Paris. Des responsables politiques et institutionnels m'ont même demandé de participer à certaines séances de travail afin de construire le « Grand Paris de la culture ». On parle d'un Grand Paris allant jusqu'aux portes du Havre alors que certains responsables politiques, certains élus, certains décideurs ou même les médias ne passent pas la porte du périphérique pour venir attester, à moins de dix kilomètres de la capitale, d'un projet de qualité. Pour ma part, construire le Grand Paris, c'est avant tout acquérir une culture commune Paris intra-muros et au-delà, partager les mêmes ambitions. Pour cela, il faut réduire les inégalités et faire tomber les barrières. Après ces séances de travail où j'évoque les difficultés que nous rencontrons, on me félicite toujours de mon engagement, de mon travail. Je demande à ce que les paroles ne s'arrêtent pas là ; que des initiatives fortes soient prises pour accompagner davantage les projets culturels dans les territoires défavorisés, les « banlieues » comme on dit, même si je n'aime pas ce terme. On me rétorque que ce sera fait, et puis, comme souvent, je rentre dans ma « banlieue », confrontée aux mêmes difficultés et au même oubli de la part des décideurs politiques et institutionnels, ou des médias.

L'expérience du Venezuela est en effet intéressante. Il y a trente-cinq ans, un homme prend le pari d'opposer, à la violence et à la misère sociale des *barrios* (bidonvilles), l'art, en l'occurrence la musique classique. José Antonio Abreu crée alors une école, *El Sistema*, où il accueille des enfants défavorisés dès l'âge de deux ans. Ceux-ci vont à l'école le matin et au centre de musique l'après-midi. José Antonio Abreu met l'accent non pas tant sur la performance technique d'un musicien que sur l'envie et le plaisir d'apprendre à jouer ensemble. Comme lui, je pense que la musique pratiquée ensemble dans un orchestre est une façon de répondre à l'exclusion par l'intégration. Lui aussi a reçu peu d'écho au début, il a démarré son premier orchestre avec seulement douze gamins, issus des quartiers défavorisés. Trente-cinq ans plus tard, plus de 260 000 enfants de deux à seize ans ont été inscrits dans ses 270 centres, où l'enseignement est gratuit. Et il a, de fil en aiguille, créé plus de 200 orchestres de jeunes, d'enfants et de professionnels dans tout le pays, composés de ses meilleurs élèves. Aujourd'hui, *El Sistema* fait partie intégrante du programme social du gouvernement vénézuélien, qui place depuis plusieurs années l'éducation musicale parmi ses priorités.

Or, la France s'extasie en découvrant Gustavo Dudamel, jeune chef d'orchestre sorti de ce système, ultramédiatisé et, il est vrai, très talentueux, mais elle en oublie que toute cette histoire a démarré il y a trente-cinq ans. Les orchestres que l'on voit dans les concerts retransmis sont composés de jeunes qui ont bénéficié d'un système doté d'une longue expérience. Et les musiciens que l'on voit ont été sélectionnés parmi les meilleurs. Cela dit, l'expérience vénézuélienne a alerté les politiques. J'en suis la première ravie, même si tout cela a un côté un peu incohérent : je développe, comme d'autres acteurs culturels, une démarche proche de celle-ci depuis des années, dans l'indifférence quasi générale, avec très peu de subventions, et d'un seul coup, parce qu'on découvre l'Orchestre du Venezuela, on me demande de travailler dans l'urgence sur un projet où les financements sont, pour le coup, importants. Je sais bien que « nul n'est prophète en son pays », je le vérifie tous les jours, mais bon… il est grand temps que les gouvernants réagissent !

La recherche de financements, je peux en parler pour y avoir consacré beaucoup de temps et d'énergie. L'orchestre Divertimento, par exemple, bénéficie d'un soutien financier encore symbolique et essentiellement lié à son activité sur les territoires de la banlieue. Côté institutions publiques, il reçoit des subventions de la ville de Stains, du secrétariat d'État chargé de la Politique de la ville – Fadela Amara se montre très sensible à l'introduction de la culture dans le développement des banlieues – et, de façon très modeste, du conseil régional sous la forme d'un « emploi tremplin », c'est-à-dire une aide au financement d'une partie d'un poste administratif. Contrairement à ce que tout le monde pense, l'orchestre ne reçoit aucune aide au fonctionnement du conseil général de Seine-Saint-Denis, du conseil régional d'Île-de-France ou du ministère de la Culture. On me rétorque qu'un orchestre symphonique, cela coûte trop d'argent. On me remercie d'assurer une mission de service public, mais aussitôt on ajoute : « On ne peut rien faire pour vous. »

Je suis souvent déçue de ces réponses qui me permettent d'affirmer que, de nos jours, plus personne ne prend de risques. Et quels risques ? Financer un orchestre dont l'investissement auprès de tous les publics est réel et le travail de son chef d'orchestre reconnu ? Mais si l'orchestre Divertimento ne se produisait pas à Stains, à Tremblay-en-France ou à Villiers-le-Bel, quel orchestre prestigieux irait faire le travail de terrain, de proximité, à sa place ?

Développer un projet sur des territoires de la Seine-Saint-Denis ou d'autres départements comme le Val-d'Oise induit chez certains responsables institutionnels qu'il doit être financé par les crédits de la politique de la ville, puisque c'est un territoire éligible à ce titre. Il me faut sans cesse expliquer que ce n'est pas pertinent et que ce sont les mêmes crédits culturels que ceux des grandes institutions prestigieuses parisiennes, telles que l'Opéra, la Comédie-Française ou l'Orchestre de Paris, qui sont nécessaires pour les financements des projets musicaux comme celui de l'Orchestre symphonique Divertimento. En ce sens, les liens avec le ministère de la Culture sont encore difficiles à créer.

Côté privé, heureusement, l'orchestre bénéficie aujourd'hui de quelques soutiens solides. Divertimento a de nombreux adhérents, que je ne saurais suffisamment remercier pour leur engagement et leur fidélité. Au niveau local, il est également aidé par la Clinique de l'Estrée à Stains, dont la directrice, Christine Dermer, apprécie particulièrement la musique. La Fondation Jean-Luc Lagardère est enfin notre principal mécène privé. Elle soutient de nombreux jeunes talents à travers l'attribution de bourses dans certains domaines qui sont peu valorisés habituellement. En novembre 2008, son directeur, Renaud Leblond, est venu visiter l'École de musique et l'auditorium. Très vite, j'ai senti chez lui l'envie de faire bouger les lignes. De promouvoir davantage de mobilité entre Paris et sa banlieue. De développer aussi des programmes d'accès à la culture qui s'appuient sur une réelle exigence artistique. Ce jour-là, nous avons jeté les bases d'un partenariat qui constitue aujourd'hui un soutien très précieux pour l'Orchestre symphonique Divertimento. Quelques semaines après sa visite à Stains, Renaud Leblond m'a présenté Pierre Leroy, l'administrateur délégué de la Fondation et le cogérant du goupe Lagardère. Lors d'un déjeuner, ce dernier m'a longuement écoutée. Il semblait autant intéressé par mon travail de promotion de la culture classique que par les rencontres qui ont émaillé mon parcours. Nous avons évoqué ces déclics – ces étincelles – qui changent parfois le cours d'une vie. Je lui ai parlé d'une de mes « belles personnes », Sergiu Celibidache, le maestro, celui qui m'a décidée à devenir chef d'orchestre. À la fin du déjeuner, avec simplicité, Pierre Leroy m'a proposé d'intégrer le conseil d'administration de la Fondation pour – m'a-t-il dit – apporter mon expertise artistique et mon regard sur les grands enjeux de société. J'ai tout de suite accepté. Dans ce cadre, j'ai participé au projet « Passerelles vers l'excellence », mené par la Fondation en partenariat avec le secrétariat d'État chargé de la Politique de la ville (encore lui !), qui vise à aider de jeunes talents issus des territoires à accéder à des formations de qualité et à leur donner les outils et les moyens de se confronter au haut niveau musical, que ce soit en musique classique ou en musiques hip-hop, électro, Rn'B…

Malgré ces aides, ces soutiens, et tous les encouragements que je viens d'évoquer, j'ai pris beaucoup de risques pour l'orchestre, souvent sans visibilité, par manque de financements. Divertimento dispose ainsi d'un budget annuel très modeste au regard des autres orchestres professionnels. Certes, les musiciens ne sont pas encore salariés à plein temps, mais payés au cachet. Cependant, juste pour donner un ordre de grandeur, les grands orchestres prestigieux de région parisienne sont constitués de près de cent vingt musiciens salariés, d'une équipe administrative et technique de vingt à trente personnes, et disposent d'un budget de plusieurs millions d'euros par an. Les deux ne sont pas comparables, bien sûr, mais entre zéro et plusieurs millions d'euros, il existe une mesure que l'on peut trouver. Le fait que Divertimento ne dispose d'aucun soutien de la part de certaines grandes institutions le handicape. Car leur participation me donnerait un atout pour trouver d'autres financements, en rassurant les institutions sollicitées. Les uns entraînent souvent les autres.

Que je sois intégrée au projet DEMOS aux côtés de l'Orchestre de Paris et de la Cité de la Musique a, par exemple, surpris et fait réagir les membres du conseil général de Seinte-Saint-Denis. Eux qui, jusqu'à présent, n'avaient jamais aidé Divertimento, se contentant de me féliciter pour la mission de service public assurée à leur place, m'ont appelée pour me dire qu'ils souhaitaient s'investir dans le projet et m'ont demandé de les y introduire.

Travailler avec l'Orchestre de Paris et la Cité de la Musique est une belle opportunité. Mais comment s'aligner sur ces deux géants, lorsque nos moyens de fonctionnement sont si différents ? Il est vrai que, de ce point de vue, nous ne fréquentons pas la même cour, mais sur le contenu de nos collaborations musicales et pédagogiques, je ne me sens ni fragile ni handicapée.

Enfin, quand on bâtit soi-même ses projets, lorsqu'on construit son parcours seule, comme moi, sans le réseau tellement nécessaire pour avancer, les choses sont plus ardues. Les démarches elles-mêmes sont parfois très décourageantes : on met plusieurs mois à monter des dossiers difficiles, à suivre à la lettre les procédures, à rechercher les financements et, au final, les dossiers sont regardés puis refusés, rapidement et sans explication, par des gens confortablement assis derrière leur bureau et qui n'ont aucune idée de l'énergie dépensée pour les projets en question !

Certains organismes demandent par exemple de payer les musiciens à des tarifs tels que je me demande qui, sans subvention, en a les moyens. Je suis tout à fait d'accord sur le principe, mais comment répondre à ces exigences si personne ne m'aide jamais ? Comment faire ?

Laurent Bayle me sollicite donc, se montrant très respectueux de mon parcours et de ma personne. Entre nous, le contact passe bien, et il m'accorde sa confiance.

J'ai tout de même beaucoup réfléchi avant d'accepter car, comme le dit le proverbe : « Chat échaudé craint l'eau froide. » De séduisantes expériences sur le papier se révèlent parfois cruellement décevantes dans la réalité. J'en avais déjà fait l'expérience quelques années plus tôt avec l'Orchestre pour la paix. Initiée par le pianiste Miguel Angel Estrella, l'idée était très belle à l'origine : il s'agissait de réunir au sein d'un orchestre des musiciens que les querelles politiques de leurs pays séparaient. Plusieurs chefs d'orchestre étaient associés : un iranien, un égyptien, un israélien et moi-même. Les musiciens arabes (des pays arabes, mais également ceux installés en Europe et aux États-Unis) côtoyaient les musiciens israéliens (issus d'Europe et d'Israël). C'était un beau mélange mais, au fur et à mesure de l'avancée du projet, les problèmes sont apparus. Lors des réunions entre chefs d'orchestre, je me souviens que certains se bagarraient au sujet des cachets et l'un d'eux avait même suggéré que je sois moins payée que lui parce que le programme que je dirigeais durait deux minutes de moins que le sien. Je n'en revenais pas ! Pour certains musiciens, l'argent était leur seule motivation et ils se moquaient complètement du projet, qui visait à réunir nos communautés en dehors des querelles politiques. Les chefs d'orchestre se battaient pour diriger, à Paris, au Sénat ou à l'Hôtel de Ville, mais personne ne voulait aller diriger à la Goutte d'or, quartier très populaire, ou en banlieue. Je trouvais que cela manquait d'honnêteté car les villes nous accueillaient sur la foi de notre projet. Mais on s'en était beaucoup écarté. Comme il y avait trop d'œuvres programmées, on ne pouvait pas les travailler suffisamment et apporter un résultat musical aussi satisfaisant qu'il aurait dû l'être. Malgré sa démarche sincère, Miguel Angel Estrella n'a pas su recadrer les choses et imposer une éthique. Aussi, au final, ce projet, qui était très beau à l'origine, ne s'est révélé ni honnête ni sincère. Et, pour la première fois de ma vie, j'ai éprouvé presque un dégoût à faire de la musique. J'ai respecté les engagements que j'avais pris, en dirigeant mes deux concerts prévus, *La Petite Suite* de Debussy et l'ouverture des *Noces de Figaro* de Mozart, dans une église d'Aubervilliers et à l'hôtel de ville de Paris en présence de nombreux ambassadeurs et de Bertrand Delanoë, puis j'ai mis fin à ma participation.

Si chat échaudé craint l'eau froide, je me disais aussi qu'il serait dommage de passer à côté d'un projet aussi intéressant que l'Orchestre des jeunes DEMOS, et que si mon expérience de plusieurs années pouvait servir, je ne devais en priver personne. J'ai donc décidé de me lancer dans cette nouvelle aventure. Je veux croire que si l'Orchestre de Paris et la Cité de la Musique se sont associés à cette idée, ce n'est pas uniquement pour se donner bonne conscience mais bien parce qu'ils poursuivent de véritables enjeux : éduquer le public à la musique classique et former des amateurs de musique qui, demain, iront au concert et y emmèneront leurs enfants. Ils composeront un public nouveau, qui remplira les salles.

En tout cas, le premier bilan est positif, si j'en juge par la première édition de concerts que nous avons donnés en juin 2010. Quatre orchestres ont été constitués. Ils réunissaient des enfants participant au programme DEMOS, quelques élèves des conservatoires partenaires du programme, des professeurs et des musiciens professionnels de l'Orchestre de Paris et de l'Orchestre symphonique Divertimento. Ce fut un mois de juin riche en émotions et en intensité. J'ai commencé les répétitions à la fin du mois de mai. C'était la première fois que les enfants étaient réunis en situation d'orchestre. Les deux orchestres que je dirigeais étaient constitués de 160 musiciens, 130 enfants puis 30 musiciens élèves de conservatoire et professeurs encadrants. Tout s'est passé dans le calme et l'écoute. J'étais très émue et rassurée de constater que ces jeunes, qui il y a seulement six mois ne connaissaient rien à la musique et se trouvaient pour la plupart dans des situations fragiles, parvenaient à produire quelque chose de vraiment très convenable. Ces jeunes musiciens mettent à mal beaucoup d'idées reçues sur la banlieue et ses enfants, montrant par leur ténacité et leur travail qu'ils savent répondre à l'exigence qui leur est faite. Et pourtant, ils n'interprètent pas un répertoire au rabais, même s'il s'agit d'arrangements, bien sûr : la marche turque extraite des *Ruines d'Athènes* de Beethoven, la danse russe extraite de *Casse-Noisette* de Tchaïkovski, *La Farandole* de Bizet ou encore un extrait de la *Symphonie n° 7* de Chostakovitch. Ce sont des morceaux difficiles, largement du niveau de ceux que l'on peut étudier dans un conservatoire, et parfois même plus élevé que celui correspondant à une initiation de six mois d'instrument.

Les enfants venaient d'une trentaine de villes de toute la région Île-de-France et, pour des raisons évidentes de logistique et d'organisation, il n'a pas été possible de les réunir autant de fois que je l'aurais souhaité. C'était impressionnant de constater l'impact de cette première rencontre. J'étais, en vérité, un peu soucieuse. Même si je n'ai jamais eu de problèmes pour me faire respecter, on peut se laisser rapidement déborder par 130 enfants… Lors de la première répétition, je me suis présentée puis j'ai expliqué aux jeunes pourquoi ils étaient là. Je leur ai dit aussi pourquoi les instruments qu'ils pratiquaient étaient positionnés à tel ou tel endroit dans l'orchestre. J'ai expliqué le rôle du chef d'orchestre, ce que signifiait son langage gestuel. Chaque groupe d'enfants avait été préparé pendant ces six mois par des musiciens professionnels, avec la collaboration des éducateurs des centres dont ils étaient issus. Ce travail a été très précieux et, par la suite, la progression entre chaque répétition fut impressionnante.

Deux concerts ont été donnés fin juin, début juillet, pour présenter le travail pédagogique effectué pendant ces six mois d'intense travail. Les enfants ont été remarquables par leur écoute, leur investissement et leur attention. Pour ma part, j'ai accordé beaucoup de soin à la qualité d'écoute, à la discipline de groupe, à la tenue des enfants sur leur chaise. C'est passer beaucoup de temps sur des détails, mais une bonne qualité d'écoute permet ensuite de faire un meilleur travail musical. La restitution était très attendue de tous. Des enfants tout d'abord, si heureux d'avoir l'occasion de jouer ensemble et de se produire Salle Pleyel, à Paris. Les médias et certaines institutions étaient également impatients d'assister à cette première et de pouvoir juger le projet. Dès que l'on porte des projets originaux, surtout dans ce registre, le monde culturel et médiatique se montre curieux, et parfois très dur. Enfin, ce concert était le moment de vérité pour les cinq institutions porteuses du projet : le Conseil de la création artistique, l'APSV (Association de prévention du site Villette), qui assure le pilotage administratif ainsi que la coordination sociale, éducative et logistique, la Cité de la Musique, l'Orchestre de Paris et l'Orchestre symphonique Divertimento.

Le concert a été présenté par le comédien Michel Blanc. Là aussi, ce fut une heureuse rencontre. Michel Blanc a fait preuve d'une écoute extrême, d'une grande souplesse et d'une gentillesse absolue. Il faut dire que les changements de plateau entre les quatre orchestres nécessitaient beaucoup d'organisation. Enchaîner quatre orchestres, constitués chacun de

130 à 160 musiciens, n'était pas une mince affaire. Et son professionnalisme a permis d'apporter un rythme vivant tout au long de ces soirées. Cela faisait plaisir de voir la Salle Pleyel remplie d'un auditoire qui habituellement ne la fréquente pas, d'origines culturelles mêlées, aux côtés des institutionnels parisiens. Tout le monde était là : les familles des enfants, les élus locaux des villes participantes, les responsables des structures, mais aussi des responsables politiques et de nombreux journalistes. J'espère vraiment qu'à l'avenir nous pourrons de nouveau témoigner de cette diversité culturelle et sociale dans nos grandes salles de concert.

Car si la culture a un coût, elle n'a pas de prix quand on voit les résultats obtenus. Et s'il existe une incontestable misère sociale en banlieue, on peut la sauver de la misère intellectuelle. Je peux en attester, moi qui vois les effectifs de l'École de musique et de danse de Stains augmenter chaque année et mes salles de concert afficher complet, que ce soit à Sarcelles, à Stains ou à Garges-lès-Gonesse. La musique peut sauver beaucoup de jeunes, j'en suis convaincue.

J'aimerais que nous soyons enfin à l'aube de cette nouvelle ère dont parlait José Antonio Abreu, le fondateur du *Sistema* vénézuélien : « À l'origine, l'art était fait par une minorité pour une minorité. Puis il a été fait par une minorité pour une majorité. Maintenant, c'est le commencement d'une nouvelle ère, où l'art sera fait par une majorité pour une majorité. »

17

La solitude du chef

Voilà quelque temps, je participai à un congrès où l'on m'avait demandé d'intervenir sur le management. J'y parlai de mon expérience en tant que chef d'orchestre, dirigeant un groupe d'hommes et de femmes. Dans la salle, une dame m'a alors posé cette question : « Vous êtes toujours seule, à la fois comme chef d'orchestre et comme directrice : comment gérez-vous cela ? »

C'est vrai, mes fonctions impliquent un certain isolement. Cette solitude du chef, on la vit constamment dans ce métier : solitude face à la partition et dans le travail pour approcher la pensée du compositeur, solitude des décisions prises, solitude face aux musiciens, solitude face à la pression du métier, etc. Ma fonction de meneur exige que je sache précisément ce que je veux et ce que je ne veux pas. Ce n'est pas toujours facile à concilier avec des relations d'amitié car, dès qu'on se permet des relations plus détendues, on peut vite perdre le contact avec le travail et ses exigences.

C'est pourquoi, à chaque répétition, au moment de la pause, je me retire dans mon bureau. J'ai souvent envie de passer ce temps-là avec les musiciens, que j'entends rigoler et discuter au loin, mais j'ai aussi besoin de souffler, de me retrouver au calme, pour me ressourcer avant de continuer. Et puis, si je reste parmi eux, je serai forcément sollicitée à propos de telle ou telle chose, et c'est épuisant. Car le métier demande beaucoup d'énergie, c'est d'ailleurs pour cela qu'il est essentiel d'avoir une bonne hygiène de vie.

Lorsqu'on part en tournée, je suis également isolée. Je n'ai pas le même emploi du temps que les musiciens car j'ai d'autres fonctions que celle de chef d'orchestre et je dois répondre à diverses sollicitations : je reçois la presse, je me rends aux rendez-vous officiels et diplomatiques des pays où nous nous trouvons, je travaille avec les directeurs des institutions, je fais répéter les solistes, etc.

Je participe également à la recherche de financements, « le nerf de la guerre », comme on dit. Même si j'ai une équipe administrative qui assure le suivi de cette mission pour l'orchestre Divertimento, je ne peux me soustraire à certains rendez-vous, où c'est à moi, et à moi seule, de convaincre les responsables institutionnels, les politiques ou les chefs d'entreprise. Cette solitude-là est la plus angoissante de toutes, je trouve, mais il m'est parfois arrivé de partager mes incertitudes avec les musiciens, car ils sont également concernés. En effet, si le chef est seul à son estrade, le travail d'orchestre est aussi un travail d'équipe. Ce n'est pas moi qui vais, ou qui peux, tout faire : chacun a sa part de responsabilité et sa part de risque. On peut appeler ça comme on le souhaite, démocratie participative si on veut, mais cette façon de partager un projet est le plus sûr moyen d'obtenir l'investissement de chacun. J'y crois profondément.

Tout ce travail, qui parfois me pèse, me remplit également de satisfaction lorsque je vois les projets se développer, les élèves progresser et les musiciens acquérir de l'expérience. Je vis de beaux moments qui me permettent de constater que le milieu musical évolue, parfois un peu trop lentement, mais il évolue. J'ai eu l'occasion d'être récompensée à trois reprises. J'ai reçu le Trophée de la réussite au féminin au Sénat, le prix du Président de la République algérienne et ai été promue chevalier de l'ordre national du Mérite français. Ces trois prix et distinctions sont survenus à des moments de ma vie où je ne m'y attendais pas. Je ne les ai pas considérés comme l'aboutissement d'un travail, mais au contraire comme un encouragement à continuer. Cela m'a redonné force et confiance dans mon parcours. Ces sentiments, si nécessaires pour avancer, sont renforcés grâce au soutien très précieux de mes proches et amis, dont certains sont membres de l'orchestre Divertimento. Ils ont toujours été présents près de moi, que ce soit dans les moments de réussite et de gloire ou dans les périodes de doute.

Heureusement, j'ai la chance d'être très entourée par ma famille. Je suis très proche de ma sœur Fettouma, qui collabore beaucoup à mes côtés, et notre complicité de jumelles nous apporte un soutien mutuel solide et de grands moments de joie. Quant à mon frère, Mehdi, sa vitalité, son humour et sa générosité me sont précieux et je regrette, souvent, qu'il habite loin. Mes parents sont toujours présents et aimants. Puis il y a mon mari, un homme extraordinaire qui m'a fait découvrir à quel point il est important de partager ses bonheurs, comme ses difficultés, avec un être aimé. Même si nous faisons très attention de bien séparer notre vie privée de nos vies professionnelles, je lui fais régulièrement part de mes questionnements et il me conseille. Je le trouve très pertinent sur un grand nombre de sujets et son avis m'est indispensable. Notre vie à deux me permet de me sentir bien et de prendre conscience que le travail n'est pas tout ; les autres aspects de la vie sont tout aussi nécessaires à la construction individuelle.

J'ai choisi un métier où je suis très exposée, mais j'aime ce risque. Et moi qui, dans la vie courante, suis plutôt simple et n'aime pas me faire remarquer, sur scène j'ai plaisir à relever en public le défi que me lance chaque œuvre. Évidemment, il faut beaucoup de solidité et de confiance en soi, deux qualités qui s'acquièrent au fil des ans, et savoir rester calme. Pour être chef d'orchestre, comme directrice de conservatoire d'ailleurs, il ne faut jamais réagir de façon épidermique ; au contraire, on doit savoir rester tranquille et garder la maîtrise de soi en toute circonstance. Car, même si j'ai travaillé plusieurs fois un même mouvement en répétition, il peut toujours arriver quelque chose d'inattendu au moment du concert. Tout simplement parce que la musique est vivante, produite par des êtres vivants et donc sujets à variations.

La musique n'est jamais figée. Sergiu Celibidache disait à ce propos : « La musique n'est pas de nature statique ; elle n'existe pas comme un état d'être défini. Elle est toujours en devenir, sans jamais accéder à une forme d'existence. Où se trouve la septième symphonie de Bruckner ? Dans une partition ? Celle-ci n'est qu'une trace, une sténographie qui permet en la suivant de faire vivre la musique. »

C'est tout à fait cela : la musique c'est la vie. Et parce qu'elle est ma respiration et que j'ai eu la chance de croiser dans ma vie les bonnes personnes, de « belles personnes », j'ai envie que d'autres aient la même possibilité que moi. Parce que la musique m'a permis d'exister autrement, qu'elle m'a valorisée en m'aidant à me construire, je crois possible qu'elle change aussi la vie de beaucoup d'autres.

Nous vivons dans une société qui juge trop souvent la réussite d'un individu à la maison qu'il possède, à sa belle voiture, à sa fiche de paie, à ses vêtements, alors que la réussite d'une vie repose sur la richesse des rapports humains. L'instruction et l'éducation, y compris musicale, sont fondamentales et c'est ce que m'a appris mon parcours. Bien que venant d'un milieu économiquement modeste, j'ai pu réussir dans la vie. Certes, on habitait en banlieue et j'étais une fille d'immigrés : je me suis heurtée à ces « difficultés » tout au long de ma vie et ça n'a pas toujours été facile de m'en sortir, mais la musique m'a placée sur un plan où tout le monde peut réussir s'il s'en donne les moyens.

Chacun y a les mêmes chances s'il veut bien penser que rien ne lui est impossible…

Il suffit juste d'y croire.

Table des matières

Cet ouvrage a été composé et imprimé
en février 2011 par

FIRMIN-DIDOT

27650 Mesnil-sur-l'Estrée
N° d'impression : 104043
N° d'édition : 643
Dépôt légal : octobre 2010

Imprimé en France